NIKI GREB   ESTHER SCHWEINS

SAFT & KRAFT

GESUNDE ERNÄHRUNG, DIE SPASS MACHT

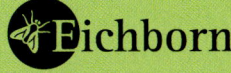Eichborn

Für Emma, Mina und Oma Emmi

1   2   3   4   09   08

© Eichborn AG, Frankfurt am Main, Mai 2008
Umschlaggestaltung: Christiane Hahn
Foto Grashopper-Bar © TASCHEN/Thorsten Klapsch
Alle übrigen Fotos © Florian Bolk
Illustrationen © Jana Döhnel
Lektorat: Valesca Schober
Redaktion: Anne Enderlein
Satz: Fotosatz Reinhard Amann, Aichstetten
Druck und Bindung: Druckerei Uhl, Radolfzell
ISBN 978-3-8218-7303-9

Eichborn Verlag, Kaiserstraße 66, D-60329 Frankfurt am Main
Mehr Informationen zu Büchern und Hörbüchern aus dem Eichborn Verlag finden Sie unter www.eichborn.de

INHALTSVERZEICHNIS

VORWORT

VORWORT

Dieses Buch ist uns ein tiefes Bedürfnis! Alle sollen wissen: Gesunde Ernährung kann, darf und soll Spaß machen! Wir wollen nicht mit dem erhobenen Zeigefinger drohen, denn wir trinken natürlich auch gerne ein Glas Wein, essen Pizza und gehen spät ins Bett. Aber gerade ein Körper, der viel Energie abgibt, braucht Unterstützung. Dies gilt also auch für diejenigen, die viel arbeiten, Sport treiben, den Haushalt wuppen oder die Kinder zu Hause entertainen. Kurz gesagt: Wir ALLE müssen mit gesunder Ernährung einen Ausgleich zu unserem alltäglichen Wahnsinn schaffen.

Vor einiger Zeit haben wir angefangen, uns über Ernährung Gedanken zu machen. Eigentlich ist jedem von uns mittlerweile klar, dass er mit gesunder Ernährung sein Leben positiv verändern kann, aber nur die wenigsten wissen wie. Unser Traum war es, gesundes Leben köstlich und einfach zu machen und dabei auch noch Spaß zu haben. Darum haben wir uns entschlossen, mit Freunden unseren eigenen Saftladen in Berlin zu eröffnen. Neben frisch gepressten Säften gab es im »Grashopper« Sandwiches und Suppen, Salat und Müsli, Soja-milchshakes, Tees und Fruchtpunsche. Nachdem wir diesen Laden vier Jahre lang mit viel Freude betrieben haben und so oft nach unseren Rezepten gefragt wurden, wollen wir sie nun weitergeben. Wir schreiben dieses Buch, um Ihnen zu zeigen, wie Sie sich auch zu Hause gesund ernähren können – ohne den Spaß zu verlieren! Unser Grashopper, dessen fröhliches Gesicht uns im Logo unseres Saftladens über die Jahre begleitet hat und der für die Frische all unserer Naturprodukte steht, wird Sie durchs Buch führen.

»Sie« und »Ihnen« – das klingt so steif und förmlich. Dabei wollen wir doch gemeinsam mit euch einen großartigen Weg beschreiten! Wir hoffen, ihr habt nichts dagegen, wenn wir das Sie einfach vergessen – wir sind Esther und Niki für euch. Natürlich sind wir keine Ernährungswissenschaftler, aber die vielen Erfahrungen und das Wissen, das wir in den letzten vier Jahren gesammelt haben, wollen wir weitergegeben. Ein großer Teil unserer »Wissenschaft« beruht auf den Schätzen des Gemüsehändlers an der Ecke mit seinen guten und frischen Zutaten. Viele von euch – wie wir früher auch – sind eher bereit, einen komplizierten

Beipackzettel zu lesen, als sich schnell eine Rote Bete auszupressen! Das soll sich von nun an ändern. Wir haben unsere Lieblingsrezepte zusammengetragen, um euch Anregungen zu geben, wie ihr ganz unkompliziert die kostbaren natürlichen Wirkstoffe von Obst, Gemüse und Kräutern im täglichen Leben genießen könnt. Und zwar so, dass sie auch schmecken.

Ein Beispiel zum Bedarf und Verbrauch von Vitamin C sollte auch den letzten Obstmuffel überzeugen: In jeder Beziehung gibt es mal Reibereien, aber dass ein negativ behafteter, leidenschaftlicher Gefühlsausbruch innerhalb von 20 Minuten bis zu 300 mg Ascorbinsäure, also fast den gesamten Tagesbedarf, kostet, wussten wir nicht und fanden das superspannend. Plötzlich wird klar, weshalb man sich nach einer solchen Auseinandersetzung so unendlich ermattet fühlt. Natürlich sollte man sich lieber überhaupt nicht streiten, aber wenn es doch mal daneben geht, dann ist unser Tipp: Ganz schnell den Vitamin-C-Haushalt wieder auffüllen! Das heißt, am besten den Montagshopper (s. S. 25) schon einmal vorpressen, wenn eine Meinungsverschiedenheit ins Haus steht!

Natürlich gibt es viele verschiedene Ursachen für erhöhten Vitamin- und Energieverbrauch. Die meisten sind stressbedingt, durch den Job, die Familie; generell immer dann, wenn man sich auspowert, braucht der Körper Nachschub von Nährstoffen. Die gute Nachricht ist: Bereits eine Kurzkur mit sehr viel frischem und überwiegend rohem Obst und Gemüse (rund 800 Gramm pro Tag) verbessert den Vitaminstatus innerhalb weniger Tage! Klingt toll, aber wer kann schon so viel Obst oder Salat essen?! Essen vielleicht nicht, aber trinken schon und so wurden aus uns leidenschaftliche Safttrinker. Nikis Freund Max isst zum Beispiel nicht gerne Salat. Damit er aber trotzdem zu seinen wichtigen Vitaminen kommt, die in so einem gemischten Salat verborgen sind – haben wir für ihn und alle Salatmuffel den Salathopper (s. S. 26) kreiert: köstlich und nahrhaft!

In jedem von uns steckt ein gesunder und glücklicher Mensch. Wir müssen ihn nur wecken – und dann natürlich wachhalten! Viel Spaß beim Lesen und Probieren!

PRAKTISCHE TIPPS

PRAKTISCHE TIPPS

Achtet bereits beim Einkauf auf Frische und Qualität, damit fängt alles an. Achtung: Auch »frisches« Gemüse im Laden ist so gut wie nie erntefrisch! Wählt möglichst nur ganz frisches Obst und Gemüse aus, also keines, bei dem Druckstellen schon braun geworden sind, keine schrumpeligen Karotten, keine Radieschen mit gelben Blättern etc. Alle Zutaten müssen sorgfältig gewaschen werden – am besten mit warmem Wasser. Obst ist oft gespritzt oder gewachst worden. Man kann sehr deutlich die Rückstände sehen, wenn man zum Beispiel einen Apfel in eine Schale mit warmem Wasser legt. Nach dem Waschen kann das Obst, mit Ausnahme der Zitrusfrüchte, mit der Schale verarbeitet werden. Für alle Zutaten, wie auch für die Säfte, gilt: Durch Licht- und Sauerstoffzufuhr verlieren sie schnell

einen großen Teil ihrer Vitamine! Deshalb sollten Obst und Gemüse unmittelbar nach dem Pressen getrunken oder weiterverarbeitet werden. Je länger man den Saft aufbewahrt, desto vitaminärmer wird er. Die lebenswichtigen Nährstoffe werden zerstört und der Geschmack verliert deutlich an Qualität.

Kann man das Obst und Gemüse nicht sofort verarbeiten, ist es im Kühlschrank am besten aufgehoben, denn Vitamin C mag es kalt und dunkel. Hierbei solltet ihr aber beachten, dass Äpfel nicht in unmittelbarer Nähe zu anderem Obst gelagert werden dürfen, da sie es schneller reifen lassen. Es sei denn, ihr wollt eine noch unreife Avocado am nächsten Morgen zum Frühstück essen. Dann legt die beiden gemeinsam zu Bett!

PRAKTISCHE TIPPS

Thema Bio: Wir empfehlen Obst und Gemüse aus biologischem Anbau – das gibt es mittlerweile in fast jedem Supermarkt – nicht zuletzt wegen des besseren, intensiveren Geschmacks. Doch wie auch immer ihr euch entscheidet, das Wichtigste bleibt die Frische der Produkte. Bei tierischen Produkten legen wir euch aber wirklich ans Herz, ausschließlich Produkte aus ökologischer Haltung zu verwenden.

Das Weizengras, das in unserem Buch eine große Rolle spielt, ist nicht ganz leicht zu beschaffen. Wir haben es in Berlin für unseren Laden extra anbauen lassen. Mittlerweile gibt es einige Gärtnereien, die es anbieten, und auch im Internet finden sich Bezugsquellen. Bleibt hartnäckig bei der Suche, oder baut es euch zu Hause selbst an (s. S. 19) – es lohnt sich wirklich.

Thema Saftpresse: Die meisten Entsafter arbeiten heutzutage mit Zentrifugalkraft. Auch wir benutzen solche Geräte, privat und in unserem Laden. Es mag Möglichkeiten geben, das Obst schonender zu verarbeiten und so noch mehr Inhaltsstoffe zu erhalten, aber in der Praxis hat sich die Zentrifugalmethode gut bewährt. Bei uns kommt tatsächlich alles in den Entsafter – auch die Zitrusfrüchte, wenn sie geschält sind. Einzige Ausnahme: das Weizengras. Wegen der sehr faserigen Struktur sollte man hier eine herkömmliche Saftpresse verwenden. Solche Geräte sind mechanisch oder elektrisch, in allen Preisklassen und überall erhältlich.

Wir wollen euch hier kein Fabrikat besonders empfehlen, jeder sollte sich ein Gerät suchen, das seinen Bedürfnissen entspricht. Achtet beim Kauf vor allem auf Benutzerfreundlichkeit: Eine Presse, die sich nur schwer reinigen lässt, verstaubt bald im Regal. Egal, wie ihr euren Saft gewinnt, ob elektrisch oder mechanisch, hydraulisch oder zentrifugal, jeder frische Saft zählt!

TRINKEN

WEIZENGRAS
UNSERE GELIEBTEN SÄFTE
SAFTEIS – NIKIS SOMMERTIPP
DER WINTER KANN KOMMEN...
DIE 1-WOCHE-ERKÄLTUNGSKUR
SOJAMILCHSHAKES

Gestern gesund, heute gestresst, morgen verliebt – unsere Säfte sind auf eure persönlichen Bedürfnisse abgestimmt. Warum überhaupt Säfte? Säfte sind flüssige Lebensmittel. Über 80 Prozent der deutschen Bevölkerung nehmen täglich nur 200 Gramm Obst und Gemüse zu sich – oder noch weniger. Die Chance, mit diesen Lebensmitteln die Gesundheit zu schützen, wird bisher von den wenigsten genutzt. Obst und Gemüse enthalten von Natur aus wenig Fett, dafür aber viele Vitamine wie A, C, E, B6, Betakarotin, Folsäure und Selen – um nur einige zu nennen. Außerdem enthalten Früchte eine geballte Ladung von Antioxidantien und sekundären Pflanzenstoffen – zum Schutz vor freien Radikalen –, die dem Körper bei seinem täglichen Kampf gegen vorzeitige Alterung helfen können, aber auch bei der Vorsorge gegen Krebs und Herzkrankheiten!

Die Deutsche Gesellschaft für Ernährung empfiehlt heute, rund
800 Gramm frisches und überwiegend rohes Obst und Gemüse in
fünf Portionen über den Tag hinweg zu sich zu nehmen. Wir wissen
jedoch, dass es kaum möglich ist, diese Ernährungsempfehlungen
konsequent in den Tagesablauf zu integrieren. So bleibt es oft bei
den guten Vorsätzen, mehr für die eigene Gesundheit zu tun.
Mit unseren Säften, die aus frischen, rohen Früchten und Gemüse
zubereitet werden, können wir den Körper mit den Nährstoffen
versorgen, die er benötigt. Und zwar so, dass sie besonders leicht
verdaut und aufgenommen werden können.

Unsere Hopper-Palette bietet eine große Auswahl besonderer
Wirkstoffkombinationen. Allen voran der Namensgeber unseres
Saftladens selbst, der Grashopper (s. S. 22), der aus frisch gepresstem
Weizengras- und Apfelsaft gemixt wird.
Weizengras? Weizengras ist randvoll mit Chlorophyll – dem besten
Reinigungsmittel der Natur – Enzymen, Vitaminen und Mineral-
stoffen. Es schmeckt aufregend und bietet sich als perfekte
Nahrungsergänzung an.

WEIZENGRAS

WEIZENGRAS – WIR HÖREN DAS GRAS WACHSEN

Bei unseren Recherchen sind wir in Los Angeles über ein seltsames Produkt gestolpert: Weizengras. Die Leute standen in langen Schlangen an, um den Saft von gepresstem Weizengras zu trinken, es wurde auch als getrocknetes Pulver verkauft oder in Salate gemischt! Neugierig bestellten wir zwei Shots, zählten bis drei und kippten sie herunter. Seitdem sind wir süchtig. Der Saft hat eine angenehme Konsistenz, riecht wie eine frisch gemähte Wiese und schmeckt toll.

Warum Weizengras?
Das im Weizengras enthaltene Chlorophyll macht das Gras grün und uns Menschen gesund. Es unterstützt das Immunsystem, entgiftet, bekämpft freie Radikale, regt den Kreislauf an und verleiht Energie! Weizengrassaft enthält außerdem haufenweise Enzyme, Vitamine und Eisen – Nährstoffe, die für eine gesunde Ernährung notwendig sind.
Weizengrassaft ist ein vollwertiges Nahrungsmittel und Experten empfehlen, täglich eine Ration zu sich zu nehmen. Wer ihn einmal probiert hat, weiß warum!
Bereits 40 ml Weizengrassaft beinhalten fast alles, was der Körper täglich braucht. Der Chemiker und Forscher Dr. G. H. Earp-Thomas isolierte über 100 verschiedene Substanzen, die in frischem Weizengras enthalten sind:

Nährstoffe enthalten in 100 g:

Eiweiß 22,8 g
Ballaststoffe 17,1 g
Kohlenhydrate 37,1 g
Kalorien 286,0

Vitamine
Provitamin A
  (Carotinoide)
  14,3 mg
Vitamin B1 (Thiamin)
  2,9 mg
Vitamin B2 (Ribofla-
vin) 20,3 mg
Vitamin B3 (Niacin)
  75,1 mg
Vitamin B6 12,9 mg

Vitamin B12 0,3 mg
Vitamin C (Ascorbin-
  säure) 314 mg
Vitamin D 28,6 mg
Vitamin E 31,4 mg
Vitamin H (Biotin)
  1,1 mg
Vitamin K 80 mg
Folsäure 10,9 mg
Pantothensäure 24 mg

**Mineralstoffe und
Spurenelemente**
Eisen 57 mg
Jod 2 mg
Kalium 3200 mg

Kalzium 514 mg
Kobalt 50 mg
Kupfer 57 mg
Magnesium 103 mg
Mangan 10 mg
Natrium 29,0 mg
Phosphor 514,0 mg
Schwefel 200,0 mg
Selen 1,0 mg
Zink 5,0 mg
75 weitere Mineral-
  stoffe und Spuren-
  elemente

Aminosäuren
Alanin 1,4 g

Arginin 1,1 g
Asparaginsäure 2,2 g
Cystein 0,2 g
Glutaminsäure 2,4 g
Glycin 1,2 g
Histidin 0,5 g
Isoleucin 0,9 g
Leucin 1,6 g
Lysin 0,8 g
Methionin 0,4 g
Phenylalanin 1,1 g
Prolin 0,9 g
Threonin 1,1 g
Tryptophan 0,1 g
Tyrosin 0,5 g
Valin 1,3 g

Quelle: Analyse Dr. G. H. Earp-Thomas aus Christine Wolfrum,
Weizengras – Die Kraft im grünen Saft

WEIZENGRAS

Das Besondere an Weizengrassaft ist, dass er sofort vom Körper aufgenommen wird. Beim Pressen werden vor allem Ballaststoffe abgetrennt, die anderen Substanzen bleiben nahezu vollständig erhalten.

Das Gras kann pur, als Shot von 20–30 ml getrunken werden. Dazu einfach ein sattes Büschel durch die Weizengraspresse drehen. Auch in Verbindung mit anderen Säften schmeckt es hervorragend: Bei uns kommt es in den Grashopper (s. S. 22), in den Erkältungshopper (s. S. 46) und in den WM-Hopper (s. S. 34).

Max' Freund R. V., DJ aus München, schwört auf Weizengras, seit er einen Weizengras-Shot bei uns getrunken hat und danach auflegte. Am nächsten Morgen rief er begeistert an und jubelte, dass er das erste Mal nach einer solchen Nacht keinen Kater hätte! Seitdem gehört das Weizengras zu jedem Auftritt in Berlin dazu. Wir lernen: Weizengras entgiftet anscheinend schon, während wir uns vergiften. Prima!

Weizengras-Anbau

Wer sein Gras selbst zu Hause anbauen möchte, besorgt sich keim-
fähige Weizenkörner aus ökologischem Anbau und weicht sie eine
Nacht lang in der doppelten Menge Wasser ein. Dann braucht man
saubere, nährstoffhaltige – am besten frische – Komposterde und
befüllt damit eine Pflanzenschale 3–5 cm hoch (ein Backblech tut es
auch). Die Weizenkörner aussäen, die Erde befeuchten, locker mit
Plastikfolie bedecken (Mini-Treibhauseffekt) und drei Tage im
Dunkeln keimen lassen. Am vierten Tag die Folie abnehmen und
ein wenig nachgießen. Von jetzt an braucht das zarte Grün Sonnen-
licht. Weizengras mag es nicht allzu feucht, also seid moderat beim
Gießen. Zwischen dem 10. und 15. Tag ist der Nährstoffgehalt am
größten und euer »homegrown grass« kann geerntet werden. Die
Erde ist nach einem Anbau ausgelaugt. Ihr könnt sie mit den
Wurzeln in den Kompost geben und solltet für die nächste Aussaat
frische Erde verwenden.
Weizengras sollte wie alle anderen Gräser und Kräuter in einer Gras-
oder Saftpresse gepresst werden. Wer in Mutterns Küchenschrank
noch einen Fleischwolf findet, kann es auch damit versuchen.

UNSERE GELIEBTEN SÄFTE

UNSERE GELIEBTEN SÄFTE

Unsere Saftrezepturen beziehen sich auf eine Portion von etwa 300 ml Saft. Für die Zubereitung empfehlen wir eine Zentrifugalpresse, in der die meisten Obstsorten mit ihrer Schale gepresst werden können, Zitrusfrüchte müssen natürlich geschält oder mithilfe einer Zitruspresse entsaftet werden. Für einige Rezepte können außerdem eine Küchenmaschine oder ein Pürierstab verwendet werden, zum Beispiel bei den Rezepturen mit Beeren oder Kiwi. Man kann sie unter den frisch gepressten Saft mischen, was den Geschmack noch intensiver macht. In die Säfte, die Möhren beinhalten, gehört ein Spritzer Pflanzenöl. Nur so kann das kostbare, fettlösliche Vitamin A herausgelockt werden! Mengenangaben wie ›groß‹ oder ›klein‹ richten sich nach eurem persönlichen Geschmack. Probiert es einfach aus!

UNSERE GELIEBTEN SÄFTE

Grashopper – Apfel, Weizengras
Frisch gepresster Sonnenschein!

Unser Lieblingsdrink. Köstlich und
gesund! Das Weizengras ist reich an
Chlorophyll – dem besten Reinigungsmittel der Natur –, Enzymen, Vitaminen
und Mineralstoffen.
Die perfekte Nahrungsergänzung!

1 Büschel Weizengras
(ergibt etwa 20 ml Weizengrassaft)
3 grüne Äpfel

Anti-Aging-Hopper – Petersilie, Paprika, Brokkoli, Grünkohl
Trinkt euch jung!

Für viele Alterungserscheinungen sind in erster Linie Ernährungsfaktoren verant-wortlich. Durch gezielte Nahrungsergänzung kann mit dem Anti-Aging-Hopper vorgebeugt werden. Dieser Saft stoppt die stressbedingte Alterung und aktiviert den Zellstoffwechsel!

3 Brokkoliröschen
$^1/_2$ Paprikaschote
1 EL grob gehackter Grünkohl
1 Zweig Petersilie
$^1/_2$ Gurke

Beauty-Hopper – Gurke, Möhre, Spinat, Apfel
Trinkt euch schön!

Der Gurkensaft reinigt die Haut, Möhre und Spinat stärken Haare und Nägel, der Knochenaufbau wird unterstützt. Der Beauty-Hopper hat kaum Kalorien und wirkt entwässernd – ein Schlankmacher!

3 Blätter Spinat
2 Möhren
1 süß-säuerlicher Apfel
$^1/_4$ Gurke
1 Spritzer Pflanzenöl

23

UNSERE GELIEBTEN SÄFTE

Frauenhopper – Rote Bete, Orange, Johannisbeere
Frauen-Power!

Dieser Saft wurde speziell auf die Bedürfnisse purer Weiblichkeit abgestimmt. Er ist reich an Bioflavonoiden, Spurenelementen, Vitaminen, Beta-Carotin, Magnesium, Eisen und Selen. Damit helft ihr eurem Körper, die richtige Balance zu finden!

1 kleines Stück Rote Bete
1$^1/_2$ Orangen
1 EL Johannisbeeren

Montagshopper – Grapefruit, Zitrone, Orange, Ingwer
Unsere Vitamin-C-Bombe!

Verkatert? Unausgeschlafen? Oder einfach nur schlapp? Der Montagshopper entgiftet, stärkt die Abwehrkräfte und macht gute Laune! Schmeckt nicht nur am Montag.

2 Scheiben Ingwer (etwa 0,5 cm dick)
$^1/_2$ Zitrone
$^1/_4$ Grapefruit
1$^1/_2$ Orangen

24

UNSERE GELIEBTEN SÄFTE

Salathopper –
Tomate, Gurke, Kopfsalat, Möhren, Paprika, Sellerie

Heute schon Salat getrunken?

Hier ist wirklich alles drin: Vitamine, Carotin, Mineralstoffe. Der Saft enthält besonders viel Eisen und Magnesium. Er ist eine vollwertige Mahlzeit! Bekömmlich, vitalisierend und lecker!

$1/2$ Paprikaschote
1 cm Porreestange
$1/2$ Zitrone
2 Salatblätter
2 Möhren
$1/4$ Gurke
1 Spritzer Pflanzenöl

Energiehopper –
Rote Bete, Möhre, Sellerie, Petersilie, Gurke

Ausgepowert?

Unser Energie-Hopper hat mehr Elektrolyte als viele Sportdrinks. Er kräftigt und vitalisiert, unterstützt den Körper bei Stress und Erkältung. Der Saft hilft, Mangelzustände zu beseitigen, und enthält viel zellschützendes Beta-Carotin. Diese Mischung fördert außerdem die Blutbildung.

3 Zweige Petersilie
1 kleines Stück Rote Bete
1 kleines Stück Knollensellerie
3 Möhren
$1/2$ Gurke
1 Spritzer Pflanzenöl

Frühjahrshopper – Löwenzahn, Apfel, Kiwi, Grapefruit
Winterdepression?

Tagelang keine Sonne gesehen? Hier kommt ein Muntermacher gegen physische und psychische Müdigkeit. Der Frühjahrshopper reinigt und mineralisiert den Körper, neutralisiert die Gifte und macht glücklich!

3 Blatt Löwenzahn
$^1/_4$ Grapefruit
$1^1/_2$ süß-säuerliche Äpfel
$^1/_2$ Kiwi

Kinderhopper – Orange, Apfel, Möhre, Rote Bete
Gesund und trotzdem lecker!

Bei unserem Kinderhopper haben wir ganz besonders an unsere Kleinen gedacht. Er ist reich an Vitamin C, Zellschutzstoffen und Bioflavonoiden. Er stärkt die Abwehr und macht gute Laune! Und das Beste dabei: Er schmeckt auch noch richtig lecker!

1 kleines Stück Rote Bete
2 Möhren
$^1/_2$ süß-säuerlicher Apfel
1 Orange
1 Spritzer Pflanzenöl

27

UNSERE GELIEBTEN SÄFTE

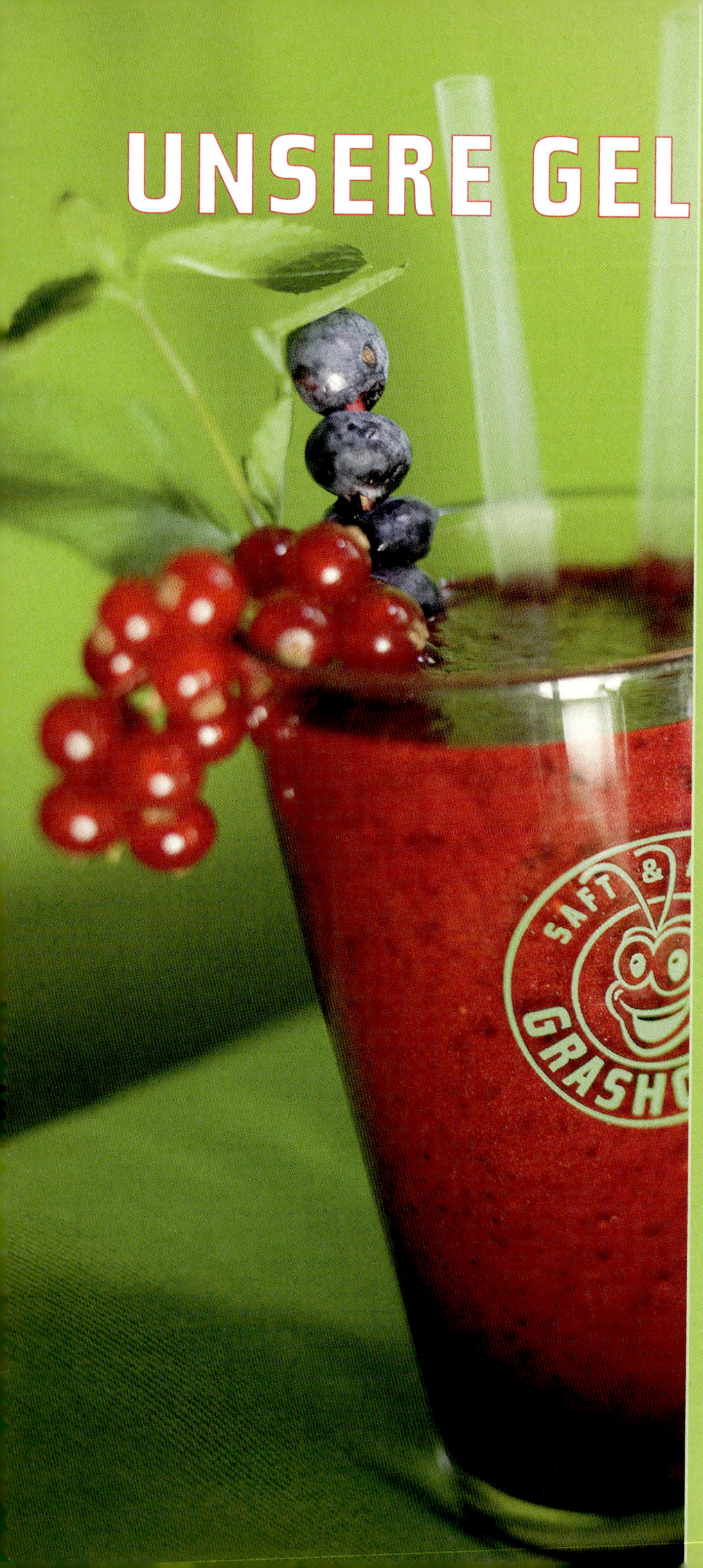

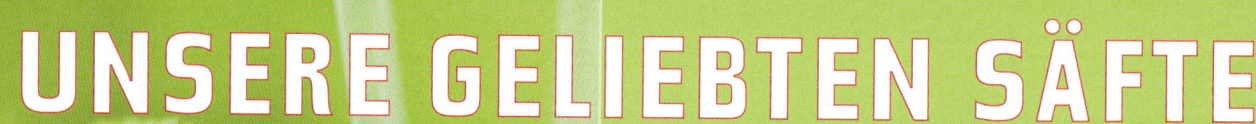

Liebeshopper – Waldbeeren, Kiwi, Grapefruit, Ananas

Eine saftige Einladung an die Liebe!

Voll mit Enzymen, anregend und aphrodisierend. Sinnliche Waldbeeren, stimulierende Kiwikerne, exotische Ananas und erfrischende Grapefruit gehen in diesem Saft eine leidenschaftliche Liebesbeziehung ein …

1 mittelgroßes Stück Ananas
1/4 Grapefruit
1 Orange
1 EL Waldbeeren
1 EL Erdbeeren
1/2 Kiwi

Hip-Hopper –
Ananas, Limette, Kiwi, Apfel
Diese Mischung ist hitverdächtig!

Reich an Vitaminen und Mineralstoffen – der richtige Saft für das
Leben in der Stadt. Er stärkt die Nerven und die Abwehrkräfte, wirkt
belebend und schmeckt!

1 mittelgroßes Stück Ananas
$1/_2$ Limette
$11/_2$ süß-säuerliche Äpfel
$1/_2$ Kiwi

UNSERE GELIEBTEN SÄFTE

Asia-Hopper – Grapefruit, Banane, Kokosmilch

... unsere Formel für körperliches und seelisches Wohlbefinden.

Die Bananen sind reich an Mineralstoffen, den Vitaminen B6, B2 und Folsäure. Sie enthalten den Glücksbotenstoff Serotonin und das Vitamin B6 ist zudem ein natürlicher Hormonregulator. Die Grapefruit bringt den Körper mit einer Kombination aus Vitaminen, Fasern und Ballaststoffen ins Gleichgewicht. Sie ist wie alle Zitrusfrüchte auch ein perfekter Vitamin-C-Lieferant und deshalb in der kalten Jahreszeit besonders wichtig. Kokosmilch und Honig geben unserem Asia-Hopper einen süßen, exotischen Geschmack.

$1/_2$ Grapefruit
$1/_2$ Banane
1TL Honig
Kokosmilch zum Auffüllen

Mai-Hopper –
Honigmelone, Mango, Apfel

Schmeckt erfrischend und bringt Power
für den ganzen Tag!

Dieser Zaubertrank enthält viel Provitamin A und Vitamin C. Die Melone, in
Indien schon seit Jahrhunderten als Ent-
schlackungsmittel bekannt, hat eine wohl-
tuende und kühlende Wirkung. Die
Mango ist reich an belebenden Substanzen
und Nährstoffen. Die Kombination von
Melone und Mango stärkt das Immunsystem!

2 mittelgroße Stücke Honigmelone
$^1/_2$ Mango
$^1/_2$ süß-säuerlicher Apfel
$^1/_2$ grüner Apfel

UNSERE GELIEBTEN SÄFTE

Sommerhopper – Wassermelone, Zitrone, Apfel, Minze

Unser saftiger Fitmacher für die heißen Tage.

Dieser Zaubertrank versorgt den Körper mit reichlich Flüssigkeit, Vitalstoffen und Bioflavonoiden. Äpfel und Minze beruhigen den Verdauungsapparat. Die wirkungsvolle Saftmischung ist sehr kalorienarm, erfrischt und löscht den Durst!

1 mittelgroßes Stück Wassermelone
1 Zitrone
2 süß-säuerliche Äpfel
6 Minzeblätter

Yoga-Hopper – Apfel, Orange, Sellerie, Ingwer

Süß, würzig, erfrischend und reinigend!

Diese Mischung aus Apfel, Sellerie, Orange und Ingwer wurde mit Hilfe der ayurvedischen Lehre zusammengestellt. Der Saft reinigt den Körper, deckt den Tagesbedarf an wichtigen Vitaminen und wirkt gegen Nervosität. Er stärkt das Immunsystem, lindert Erkältungsbeschwerden und senkt den Cholesterinspiegel. Eine köstliche Stärkung im Einklang mit der Natur!

1 großes Stück Knollensellerie
2 Scheiben Ingwer (je etwa 0,5 cm dick)
$1^{1}/_{2}$ grüne Äpfel
1 Orange

**Katerhopper –
Rote Bete, Ingwer, Ananas,
Löwenzahn, Zitrone, Apfel**
Heute schon an morgen denken!

Rote Bete und Ananas haben eine
reinigende Wirkung, der Löwenzahn hilft,
den richtigen Zustand unseres Körpers
wiederherzustellen. Viel Vitamin C hilft
beim Abbau aggressiver Sauerstoff-
moleküle, die bei Stress, durch Rauchen
und Alkohol entstehen.

2 mittelgroße Stücke Rote Bete
1 Scheibe Ingwer (je etwa 0,5 cm dick)
2 mittelgroße Stücke Ananas
4 Blätter Löwenzahn
$^1/_2$ Zitrone
1 süß-säuerlicher Apfel

33

UNSERE GELIEBTEN SÄFTE

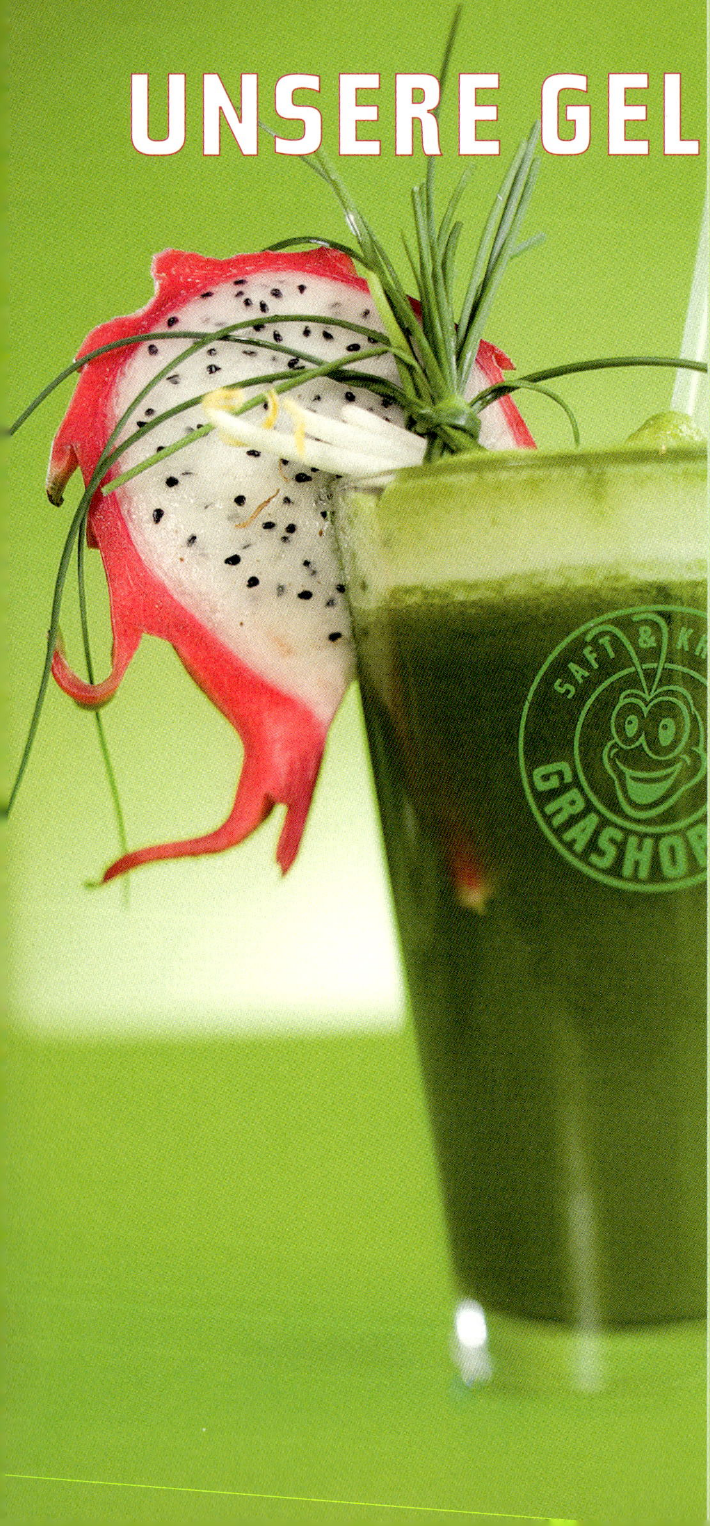

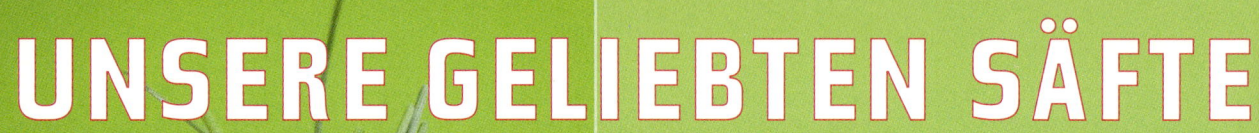

WM-Hopper –
Weizengras, Banane, Birne

Bald kommt die Frauenfußball-WM!

Dieser Zaubertrank belebt und verschafft neue Energien. Die Wirkstoffe schützen vor Umweltgiften, verbessern den Zellschutz und verlangsamen Alterungsprozesse. Der ideale Gesundheitscocktail für anstrengende Tage liefert alle wichtigen Vitalstoffe in hoher Konzentration. Besonders Weizengras kann mehr als die Summe der einzelnen Bestandteile. Gerade die Zusammensetzung des Weizengrases aus über einhundert Nährstoffen macht das Geheimnis dieses Saftes aus.

1 Büschel Weizengras (20 ml Saft)
$^1/_2$ Banane
2 Birnen

Gute-Laune-Hopper – Petersilie, Kiwi, Möhre, Apfel

Gute Laune kann man trinken!

Hattet ihr einen schlechten Tag? Dieser gute Saft ist die reinste Energie-
quelle: Die Petersilie feuert den Stoffwechsel an, Möhren schützen das
Nervensystem, Äpfel und Kiwi stärken die Abwehrkräfte. Das hilft!

3 Zweige Petersilie
$^1/_2$ Kiwi
1 Möhre
3 grüne Äpfel
1 Spritzer Pflanzenöl

Spargelhopper – Spargel, Möhre, Blumenkohl, Kresse

Unsere Trinkkur!

Ein wahrer Heilsaft, reich an Vitaminen und Ballaststoffen. Der Spargel
entschlackt, die Möhren unterstützen die Entgiftung und fördern die Verdauung. Die Kresse stärkt das Immunsystem und der Blumenkohl macht
diesen Trank dabei besonders gut verdaulich.

5 Stangen Spargel
3 Möhren
4 Blumenkohlröschen
1 Hand voll Brunnenkresse
1 Spritzer Pflanzenöl

UNSERE GELIEBTEN SÄFTE

Dennis-Hopper – Zitrone, Apfel, Trauben
Dieser Saft hat Starqualität!

Er ist reich an Vitaminen, stärkt das Immunsystem und hält fit. Der Traubenzucker bringt die schnelle Energie, die man manchmal dringend braucht. Außerdem hilft der Saft gegen Erkältung und unterstützt die Verdauung.

1 Zitrone
150 g kernlose Trauben
3 grüne Äpfel

Mitternachtshopper – Knoblauch, Sellerie, Apfel
Der Saft mit Anti-Stress-Effekt.

Unser Mitternachtshopper stärkt die Abwehr und entspannt. Er bringt die gesamten Säfte im Körper zum Fließen, genau das Richtige für den Tanz auf dem Vulkan. Voll mit Vitaminen, Selen, Pektin und ätherischen Ölen regt er den Stoffwechsel an, reinigt und verdünnt. Der Sellerie entstresst dabei.

2 Knoblauchzehen
2 Stangen Sellerie
3 grüne Äpfel

Emma-Hopper –
Melone, Pfirsich, Trauben, Mango

Emmas Lieblingssaft –
süß, süßer, am süßesten!

Ein köstlicher Saft, nicht nur für Kinder!
Er stärkt das Immunsystem, entwässert
und reguliert den Stoffwechsel. Die
Mangos eignen sich besonders gut für
Baby- oder Schonkost. Sie enthalten mehr
Beta-Carotin als Möhren und stärken die
Sehkraft. Und besonders wichtig: Diese
Mischung enthält keinen Zitrussaft, damit
es in der Windel keinen wunden Popo gibt!

¹/₄ Honigmelone
2 Pfirsiche
100 g kernlose Trauben
3 Mangos

UNSERE GELIEBTEN SÄFTE

Mina-Hopper – Möhren, Sojamilch

Minas Einstiegshopper.

Die Möhre ist die beste Quelle für das wichtige Alpha- und Beta-Carotin. Sie enthält Vitamine, ätherische Öle und Bioflavonoide, wirkt infektionshemmend und verdauungsfördernd. Möhren schützen das Nervensystem und die Zellen, und sie wirken entgiftend. Die Sojamilch ist besonders reich an Vitaminen, Mineralstoffen und Eiweiß. Spezielle Sojamilch für Kinder erhaltet ihr im Reformhaus. Der Mina-Hopper schmeckt köstlich und ist noch dazu cholesterinfrei.

5 Möhren
150 ml Sojamilch
1 Spritzer Pflanzenöl

SAFTEIS

SAFTEIS – NIKIS SOMMERTIPP

Der absolute Hit bei 30 °C Sommerhitze ist unser frisch gepresstes Wassereis! Ihr könnt euch doch bestimmt noch an das köstliche, aber gänzlich ungesunde Wassereis erinnern: Waldmeister oder Kirsch vom Kiosk vor der Schule. Ich habe es jedenfalls geliebt und deshalb in gesunder Form wieder in unseren Haushalt zurückgeholt.

Wichtig ist, dass ihr den Saft sofort nach dem Pressen einfriert, da wichtige Vitamine sonst verloren gehen! Ihr presst euren Lieblings-saft (siehe Saftrezepturen), füllt ihn in einen wiederverwendbaren Plastikbecher oder in ein Glas und friert den Saft etwa eine Stunde an. Dann steckt ihr einen Holzspatel (erhältlich in Bastelläden oder Apotheken) als Eisstiel hinein und lasst das Safteis nun tieffrieren. Auf diesem Weg könnt ihr euer Eis auch mehrfarbig gestalten, indem ihr einfach verschiedene Säfte im Stundentakt aufeinander»stapelt«. Zum Verzehr löst ihr das Eis im heißen Wasserbad aus dem Becher. Freut euch, denn das wird echt der Knaller – besonders, wenn man es bei einer Sommerparty seinen Gästen in die Hand drückt! Wir haben die Erfahrung gemacht: Gesundes Wassereis kennt kaum jemand. Lasst euch feiern!

SAFTEIS

Eigentlich spricht nichts dagegen, alle unsere süßen Saftrezepte für das Eis zu verwenden! Aber unsere Lieblingssäfte unterscheiden sich von unseren Lieblings-eissorten:

DER KLASSIKER:
Purer Orangensaft
ERFRISCHEND:
Orangensaft mit einem Hauch von Grapefruit
DER SOMMER-HIT:
Honigmelone, Apfel
KÜHLEND:
Wassermelone mit einem Hauch Minze
GEFRORENE BEEREN:
Liebeshopper ohne Grapefruit (s. S. 29)
NIKIS ABSOLUTES LIEBLINGSEIS:
Hip-Hopper (s. S. 28)

Probiert einfach eure Lieblingssäfte als Eis aus – auch die Sojamilchshakes (s. S. 50) lassen sich übrigens prima einfrieren!

Mini-Eis am Stiel

Der Mini-Knaller
für den nächsten Kindergeburtstag!

Den frisch gepressten Lieblingssaft der
Kinder in eine lustige Eiswürfelform
(Herzchen, Pinguine etc.) gießen, ins
Tiefkühlfach stellen und nach einer halben
Stunde anstelle von Holzstäbchen halbe
Strohhalme hineinstecken!
Die anderen Mütter werden staunen, wie
gerne ihre Kinder gesundes Eis lutschen!
Spitze!

DER WINTER

DER WINTER KANN KOMMEN...

 Draußen pfeift der eisige Wind und wir sitzen gemütlich auf Nikis kuscheligem Flokati, trinken einen Winterhopper, schauen zum 137. Mal *Ist das Leben nicht schön?* und weinen...

Winterhopper – Meerrettich, Apfel, Banane
Winterzeit ist Meerrettichzeit!

Die »scharfe« Wurzel ist ein wahrer Vitaminprotz und Bakterienkiller. Ihr Vitamin-C-Gehalt ist doppelt so hoch wie der einer Zitrone. Dazu kommen Vitamin B und wichtige Mineralstoffe, wie Kalzium, Magnesium und Kalium. Die Senföle im Meerrettich wirken außerdem antibiotisch. Unsere spezielle Mischung mit Apfel und Banane kann schnell den lästigen Schnupfen vertreiben. Dieser Hopper ist fruchtig-herb und besitzt eine erfrischende Schärfe.

2 dünne Scheiben Meerrettich
3 grüne Äpfel
$1/_2$ Banane

Weihnachtshopper –
Apfel, Banane, Honig, Nelken, Mandeln
Kuschelig köstlich!

Unser Muntermacher für die kalte Weihnachtszeit. Er ist voll mit
Vitaminen, Mineralstoffen und Spurenelementen, stärkt das
Immunsystem und spendet reichlich Energie! Das Nelkenöl wirkt
antiseptisch und die Banane macht zudem richtig gute Laune.

3 süß-säuerliche Äpfel
$^1/_2$ Banane
1 TL Honig
1 Nelke
1 TL Mandeln

Die Äpfel werden in der Saftpresse entsaftet, Banane, Nelke und
Mandeln in einer Küchenmaschine püriert. Der Apfelsaft wird zum
Bananenpüree gegossen und schaumig geschlagen.

45

DER WINTER

Erkältungshopper – Apfel, Weizengras, Ingwer, Thymian
Erkältet?

Helft eurem Körper bei der Entgiftung und stärkt eure Abwehrkräfte mit Immunmodulatoren, Vitaminen, Mineral- und Ballaststoffen. Antioxidantien binden die Sauerstoffradikale und verhindern Zerstörungsprozesse in den Zellen, Flavonoide stärken das Immunsystem. Der Saft befreit die Atemwege, wirkt entzündungshemmend und antibakteriell. Gute Besserung!

1 Büschel Weizengras (20 ml Saft)
2 Scheiben Ingwer (je etwa 0,5 cm dick)
5 Zweige Thymian
2 grüne Äpfel
1 süß-säuerlicher Apfel

Heißer Erkältungshopper –
Ingwer, Zitrone, Thymian
Heiß und scharf, bitte!

Dieser heiße Trunk duftet herrlich und
bringt Schwung in euren Tag! Die Zutaten
wärmen von innen und reinigen den
Körper. Die Vitamine stärken das Immunsystem. Unsere Kombination kann
Erkältungsbeschwerden lindern, wirkt
gegen Müdigkeit und steigert die
Leistungsfähigkeit.

2 Scheiben Ingwer (je 0,5 cm dick)
1 Zitrone
5 Zweige Thymian
1 TL Honig
heißes Wasser zum Auffüllen

47

ERKÄLTUNGSKUR

DIE 1-WOCHE-ERKÄLTUNGSKUR

Wer sich Grippeviren eingefangen hat, braucht deshalb keineswegs an Grippe zu erkranken. Wenn euer Abwehrsystem fit ist, werden die Viren vernichtet, bevor sie sich vermehren können. Erst dann, wenn das Abwehrsystem zu schwach ist und der Organismus außerdem den geeigneten Nährboden für die Vermehrung der Viren anbietet, können sich diese massenhaft vermehren und zur Erkrankung führen. Einigen Vitaminen und Mineralstoffen kommt nun eine besondere Bedeutung im Hinblick auf ein gut funktionierendes Immunsystem zu. Zur Unterstützung der natürlichen Abwehr sollte, vor allem in der kalten Jahreszeit, auf ausreichende und regelmäßige Versorgung des Körpers mit diesen Nährstoffen geachtet werden.

Wir haben für euch nun eine einwöchige Erkältungskur zusammengestellt, die sich bewährt hat. Sie hilft dem Körper bei der Entgiftung und stärkt schnell die Abwehrkräfte:

MONTAG:	1 Weizengras-Shot (s. S. 18)
DIENSTAG:	1 Erkältungshopper (s. S. 46)
MITTWOCH:	1 Montagshopper (s. S. 25)
DONNERSTAG:	1 Frühjahrshopper (s. S. 27) und ein Ingwer-Shot (s. S. 47)
FREITAG:	1 Apfel-Möhren-Saft und ein Weizengras-Shot (s. S. 18)
SAMSTAG:	1 Energiehopper (s. S. 26)
SONNTAG:	1 Erkältungshopper (s. S. 46)

Die Säfte enthalten reichlich Vitamine und sekundäre Pflanzenstoffe, wirken reinigend, vitalisierend und entzündungshemmend. Diese Kurzkur verbessert den Vitaminstatus innerhalb weniger Tage!

SOJAMILCHSHAKES

SOJAMILCHSHAKES

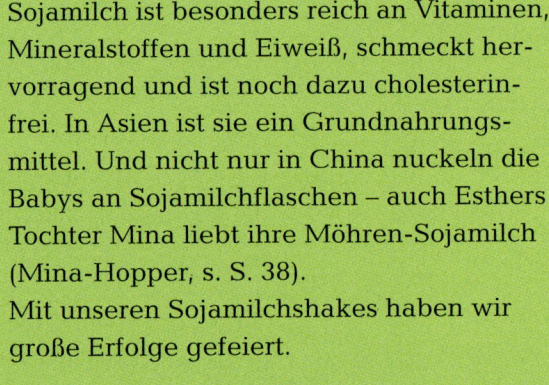

Sojamilch ist besonders reich an Vitaminen, Mineralstoffen und Eiweiß, schmeckt hervorragend und ist noch dazu cholesterinfrei. In Asien ist sie ein Grundnahrungsmittel. Und nicht nur in China nuckeln die Babys an Sojamilchflaschen – auch Esthers Tochter Mina liebt ihre Möhren-Sojamilch (Mina-Hopper, s. S. 38).
Mit unseren Sojamilchshakes haben wir große Erfolge gefeiert.

Sojamilch kann man auch selbst herstellen. Die Sojabohnen werden eingeweicht, püriert, gekocht, und zum Schluss wird die Milch durch ein feines Tuch oder einen Filter passiert. Im Fachhandel gibt es Sojamilchbereiter, in die man nur noch Sojabohnen und Wasser einfüllen muss – den Rest erledigt der Sojamilch-Automat. Für diese Art der Milchherstellung eignen sich übrigens auch Reis und Getreide, Nüsse und Mandeln. Das Ergebnis ist beeindruckend. Allerdings wollen wir auch nicht verschweigen, dass die Zubereitung der Milch und die Reinigung der Geräte zeitaufwendig sind.

Sojamilchshake mit Früchten

*120 g Beeren (Himbeeren, Erdbeeren oder
Brombeeren)
oder 1 kleine Banane
250 ml Sojamilch*

Das Obst eurer Wahl wird in der Küchenmaschine oder mit dem Stabmixer püriert,
mit Sojamilch aufgefüllt und schaumig geschlagen. Suchtgefahr!

ESSEN

SANDWICHES
SUPPEN
SALAT
MÜSLI
BRUNCH

SANDWICHES

SANDWICHES

Wer mag sie nicht: Sandwiches – belegte
Brote für zwischendurch und unterwegs.
Wir haben nach Alternativen zum
klassischen Schinken-Käse-Sandwich
gesucht und einige feine Rezepte ent-
wickelt. Hier kommt die neue Ess-Klasse,
jeweils für zwei Personen.

Tomaten-Nuss-Sandwich

Einer unserer absoluten Bestseller!

Das Rezept basiert auf einem köstlichen Tomaten-Nuss-Pesto.
Die angegebenen Zutaten reichen für etwa 10 Portionen Pesto, das
sich auch einige Tage im Kühlschrank hält.

Tomaten-Nuss-Pesto

300 g in Kräuter-Öl-Marinade eingelegte, getrocknete Tomaten
100 g Vitalkekse mit Sonnenblumenkernen und Korinthen

Die Tomaten gut abtropfen lassen, die Vitalkekse zerkleinern und
beides zusammen in der Küchenmaschine zu einer glatten Masse
pürieren.

4 Scheiben Saatenbrot (Hirse, Roggenschrot, Haferflocken, Sonnenblumen-
kerne und Leinsamen)
80 g Pesto
2 Fleischtomaten
50 g Rucola
grob gemahlener schwarzer Pfeffer
Meersalz

Auf beide Brotscheiben reichlich Pesto streichen, mit Tomatenscheiben und Rucola belegen und mit Pfeffer und Salz nach Belieben
würzen, zusammenklappen – fertig!

SANDWICHES

Oliven-Feta-Sandwich

Feta-Oliven-Pesto
(für etwa 10 Sandwiches)

400 g Fetakäse mit Oliven und Paprika, eingelegt in Kräuter-Öl-Marinade

Käse, Oliven und Paprika gut abtropfen lassen und in der Küchenmaschine sorgfältig pürieren.

4 Scheiben Roggenbrot
80 g Feta-Oliven-Pesto
1 rote Paprikaschote, in feine Streifen geschnitten
10 schwarze Oliven, entsteint und fein gewürfelt
1 Schale Kresse

Reichlich Pesto auf beide Scheiben Roggenbrot streichen, Paprikastreifen, Olivenwürfel und Kresse darauflegen und zusammenklappen. Köstlich!

Spinat-Parmesan-Sandwich

Spinat-Pesto
(für etwa 10 Sandwiches)

200 g frischer Blattspinat
50 g Cashewkerne
100 g geriebener Parmesan
20–30 ml Olivenöl

Den Spinat gründlich waschen und zusammmen mit den übrigen Zutaten in der Küchenmaschine fein pürieren.

4 Scheiben Vollkornbrot
70 g Pesto
8 frische, kleinere Spinatblätter
$^1/_4$ grüne Gurke
50 g Sprossen

Spinat-Pesto nach Belieben auf die Brotscheiben streichen, mit Spinatblättern, feinen Gurkenscheiben und Sprossen belegen und zusammenklappen. So schmeckt Spinat!

Sanddorn-Sandwich

4 Scheiben dunkles Vollkornbrot
30 g Naturjoghurt
15 g Sanddornsenf
4 Scheiben mittelalter Gouda
2 Mandarinen
1 Birne
4 Blätter Eisbergsalat

Joghurt und Sanddornsenf verrühren und die
Paste gleichmäßig auf die vier Vollkornbrotscheiben
verteilen. Käse-, Birnen- und Mandarinenscheiben
daraufschichten, mit je einem Salatblatt belegen und
zusammenklappen. Herrlich fruchtig!

SANDWICHES

Kräutercreme-Sandwiches

Die Kräutercreme schmeckt am besten, wenn sie mit frischen Kräutern zubereitet wird. Wenn es schnell gehen muss, könnt ihr auch eine tiefgefrorene Kräutermischung verwenden.

8-Kräuter-Creme
(für 10 Sandwiches)

400 g Frischkäse
1 rote Paprikaschote
100 g frische Kräuter (Petersilie, Dill, Kerbel, Schnittlauch,
Sauerampfer, Borretsch, Pimpernelle, Basilikum)
frisch gemahlener weißer Pfeffer
Salz

Die Paprikaschote gründlich waschen und klein würfeln, die gewaschenen Kräuter fein hacken und Käse, Paprikawürfel und Kräuter gut verrühren und mit Salz und Pfeffer abschmecken.

4 Scheiben Pumpernickel oder Schwarzbrot
50 g 8-Kräuter-Creme
2 Zweige glatte Petersilie
1 Bund Schnittlauch
4–6 große Radieschen, in feine Scheiben geschnitten
$1/_4$ grüne Gurke
40 g Radieschensprossen
grob gemahlener bunter Pfeffer

Petersilie und Schnittlauch fein hacken. Die Kräutercreme auf beide Brotscheiben auftragen, Gurkenscheiben auf die eine, Radieschenscheiben auf die andere Scheibe legen, gehackte Kräuter darüberstreuen und mit den Sprossen belegen. Das Kräutercreme-Sandwich zusammenklappen und genießen!

Putensandwich
Die leckere Ausnahme!

Das Putensandwich ist bei all unseren vegetarischen Rezepten eine absolute Ausnahme. Aber Niki schmeckt ein Sandwich mit Puten-brust einfach prima!

4 Scheiben Kartoffelbrot
50 g Frischkäse
15 g Dijonsenf
80 g Putenbrust, in feine Scheiben geschnitten
$1/_4$ grüne Gurke
2 Fleischtomaten
8 Blätter heller Eichblattsalat

Frischkäse auf die eine Brotscheibe streichen und Senf auf die andere, ein Salatblatt, Putenbrust, Gurken- und Tomatenscheiben daraufschichten und zusammenklappen. Nicht schlecht!

SANDWICHES

Tomaten-Mozzarella-Sandwich
Ein Klassiker, der bei uns nicht fehlen darf!

4 Scheiben Kürbiskernbrot
50 g Frischkäse
4 Fleischtomaten
125 g Mozzarella
4 frische Basilikumblätter
grob gemahlener schwarzer Pfeffer
Meersalz

Den Frischkäse auf die Brotscheiben streichen, Tomaten und Mozzarella darauflegen, mit Pfeffer und Salz würzen und mit je einem Basilikumblatt garnieren. Buon appetito!

Käse-Wildkräuter-Sandwich

4 Scheiben Mehrkorn-Möhren-Brot
30 g Sojamargarine
1 EL Wildkräuter- oder scharfer Bärlauchsenf
150 g Brie, in Scheiben geschnitten
1 gelbe und 1 rote Paprikaschote, in feine Streifen geschnitten
50 g Rucola

Margarine auf die eine, Senf auf die andere Brotscheibe streichen, Briekäsescheiben und Paprikastreifen darüberlegen, die Rucolablätt-chen verteilen und zusammenklappen.

SANDWICHES

Käse-Champignon-Sandwich

Champignon-Pesto

(für etwa 10 Sandwiches)

400 g gebratene, in Kräuter-Öl-Marinade eingelegte Champignons (selbst eingelegt oder vom italienischen Feinkosthändler)

Die eingelegten Champignons gut abtropfen lassen und in der Küchenmaschine pürieren.

4 Scheiben Sonnenblumenkernbrot
80 g Champignon-Pesto
2 Scheiben herzhafter Schnittkäse (zum Beispiel Bergkäse)
4 grüne Salatblätter
100 g frische weiße Champignonköpfe
grob gemahlener bunter Pfeffer

Auf beide Brotscheiben reichlich Champignon-Pesto auftragen, eine Seite mit Käse, Salatblättern und den in Scheiben geschnittenen Champignonköpfen belegen und zusammenklappen.

Mango-Chili-Sandwich

4 Scheiben Kürbiskernbrot
50 g Frischkäse
1 Mango
$1/_2$ rote Peperoni
8 Zweige Koriander
150 g Camembert
8 Blätter dunkler Eichblattsalat

Peperoni und Koriander fein hacken,
mit dem Frischkäse vermengen und die
Creme auf die vier Scheiben Kürbiskernbrot gleichmäßig verteilen. Salatblätter, Camembert- und Mangoscheiben
daraufschichten und das Sandwich zusammenklappen.

Pflaumen-Käse-Sandwich

4 Scheiben Dinkelbrot
30 g Sojamargarine
1 EL Pflaumensenf
4 Scheiben milder Schnittkäse
8 Pflaumen, entkernt und in feine Scheiben
geschnitten
4 dünne Scheiben frische Ananas
40 g Feldsalat

Margarine auf die eine, Pflaumensenf auf
die andere Scheibe streichen. Die Käse-,
Ananas- und Pflaumenscheiben darüber-
schichten, mit Salatblättern belegen und
zusammenklappen. Sehr fruchtig!

SUPPEN

SUPPEN

Esthers Oma Emmi und ganz simpel die Suppe

Meine Oma hat beide Weltkriege miterlebt und wusste, was es heißt, ihre Kinder mit »Grassuppe« satt kriegen zu müssen. Als man ihr in den Achtzigern des letzten Jahrhunderts das erste Mal feinsten Rucolasalat vorsetzte, lachte sie laut: »Das ist Rauke, die wächst bei uns überall wie Unkraut und auch noch ganz umsonst.« Bei meiner Oma gab es ständig was zu tun. Irgendetwas war draußen immer reif und wartete darauf, für den Vorratsschrank verarbeitet zu werden. Wir pflückten Brombeeren, Kirschen, sammelten Heidelbeeren, Bucheckern, Pilze, Kräuter. Wir ent-

kernten, entsafteten, mahlten, buken, kochten, machten ein und setzten an. Am liebsten kaufte sie frisch beim Bauer und beim Milchmann um die Ecke. Manchmal, aber nur manchmal, gingen wir in den Supermarkt. Eine dieser Supermarkt-Expeditionen hat mich geprägt. Ich war sechs Jahre alt, meine Oma wollte für uns am Abend Spinat kochen. Es gab keinen frischen Spinat und eine Verkäuferin führte uns zum Tiefkühlregal. Meine Oma nahm ein Paket Spinat heraus, hielt es mir vor die Nase und erklärte: »Spinat wächst nicht in Blöcken. Er wächst am Boden, hat mittelgroße krause Blätter mit kräftigen Strünken und schmeckt auch ohne Sahne.«

SUPPEN

Omas Blick heftete sich dann auf die Tütensuppen, sie nahm eine herunter, zeigte sie mir und sagte mit sorgenvoller Miene: »Ich fürchte, wenn du einmal erwachsen bist, hält man eine selbst gemachte Suppe für Hexenwerk, keiner weiß mehr, wie man sie macht, dabei ist eine gute kräftige Suppe ganz simpel. Wasser musst du so oder so kochen und ob du nun eine Tüte aufreißt oder frisches Gemüse hineingibst, macht den Kohl nicht fett. Zeit für dich, mein Kind, das Suppenhandwerk zu erlernen.« Fortan war der Samstag für mich auserkoren, einfache Suppen zu erproben. Misslang eine, konnte sich die Familie am nächsten Samstag auf die gleiche Suppe freuen.

Suppen kann man übrigens hervorragend vorkochen, kalt stellen oder portioniert einfrieren. Perfekt, wenn man nicht jeden Tag die Zeit findet, sich ein frisches Mahl zu bereiten, wie zum Beispiel Niki nach der Geburt ihrer Tochter Emma. Nikis Mami hat ihr literweise Hühnersuppe vorgekocht, auf dass sie schnell wieder zu Kräften kommen sollte. Davon haben wir am Ende alle profitiert, sie war so lecker – danke, Marlies!

Wir haben für euch die beliebtesten Suppen aus unserem Laden zusammengestellt. Grundlage ist eine schöne Gemüsebrühe, die wir für euch perfektioniert haben. Ihr könnt sie vorkochen und in Portionen einfrieren.

Ein paar Informationen zur Vorbereitung:
Einige Rezepte enthalten Milchprodukte. Wie wir bereits eingangs
gesagt haben, empfehlen wir Halbfett- und Bio-Produkte zu verwenden. Auch Sojamilch schmeckt hervorragend! Statt Butter
kommt bei uns Rapsöl mit Buttergeschmack zum Einsatz – schmeckt
prima! Rapsöl enthält außerdem einen deutlich höheren Anteil an
den wichtigen einfach ungesättigten und Omega-3-Fettsäuren als
Olivenöl. Natürlich verwenden wir auch köstliches Olivenöl, aber
lieber für kalte Speisen, wie Salate und Rohkost (s. S. 88). Wir würzen
mit grobem Meersalz oder Himalajasalz (s. S. 142). Zum Pürieren
verwenden wir gerne eine normale Küchenmaschine, ein Pürierstab
tut es aber auch.

SUPPEN

Die Gemüsebrühe frei nach Oma Emmi

3 Möhren

3 mittelgroße Zwiebeln

$1/_4$ Knollensellerie

1 Stange Lauch

3 Knoblauchzehen

2 mittelgroße Tomaten

1 Stück Ingwer (2–3 cm dick)

4 Petersilienwurzeln

1 Stange Zitronengras oder

1 TL getrocknetes Zitronengras

1 TL Pfefferkörner

3 Zweige Majoran oder

3 TL getrocknetes Majoran

3 Zweige Liebstöckel oder

3 TL getrocknete Liebstöckelblätter

3 EL Rapsöl

4 TL Salz

3 l Wasser

Muskat

2 Zwiebeln und 2 Knoblauchzehen schälen und fein würfeln. Dann 2 Möhren, $1/_2$ Lauchstange, 2 Petersilienwurzeln und 100 g Sellerie putzen und klein schneiden. Das Rapsöl erhitzen und das Gemüse darin kurz abraten.

3 l Wasser aufgießen und die Suppe zum Kochen bringen. Das restliche Gemüse putzen, halbieren und mit den Gewürzen in die Suppe geben. Die Gemüsesuppe etwa 2 Stunden köcheln lassen, anschließend in ein Sieb abgießen und mit Salz und Muskat abschmecken. Diese Gemüsebrühe dient als Grundlage für die folgenden Suppenrezepte. Je nach Belieben kann man unsere Suppen auch mit zusätzlicher Brühe verdünnen.

Unser Tipp: Friert die Brühe portionsweise ein, damit ihr ständig einen Vorrat für die Zubereitung unserer Suppen habt.

Kartoffel-Schafskäse-Suppe mit Rucola und Tomatenwürfeln

1 kleine Zwiebel
100 g Schafskäse (wir empfehlen
bulgarischen)
2 Kartoffeln
1 kleine Möhre
4 Zweige Petersilie
2 EL Rapsöl
400 ml Gemüsebrühe

1 Msp. Paprikapulver, edelsüß
Salz
frisch gemahlener schwarzer Pfeffer
1 Prise Cayennepfeffer

1 Fleischtomate
25 g Rucola

Die Zwiebel schälen und fein hacken. Möhren putzen, Kartoffeln schälen und beides in Scheiben schneiden. Den Schafskäse in kleine Würfel schneiden. Die Petersilie waschen und die Blätter grob hacken.
Das Öl erhitzen und Zwiebel und Möhre im Öl andünsten, die Kartoffelscheiben, Gewürze und Petersilie dazugeben und kurz mitdünsten. Die Gemüsebrühe aufgießen, die Suppe zum Kochen bringen und bei schwacher Hitze etwa 30 Minuten köcheln lassen, bis das Gemüse gar ist. Die Suppe abkühlen lassen und in der Küchenmaschine pürieren. Die Gemüsesuppe noch mal aufkochen, etwa 60 g Schafskäsewürfel unterrühren, bis sie geschmolzen sind, und mit Paprikapulver, Salz und Pfeffer abschmecken.

Die Fleischtomate waschen, den Stielansatz entfernen und das Fruchtfleisch fein würfeln. Die Rucolablätter waschen und abtropfen lassen. Anrichten und mit den restlichen Schafskäse- und Tomatenwürfeln und den Rucolablättern garnieren.

69

SUPPEN

Trudis Tomatensuppe

6 Stauchtomaten
1 Zwiebel
1 Knoblauchzehe
30 g Knollensellerie
2 kleine Möhren
1 mittelgroße Kartoffel
3 EL g Rapsöl
2 EL Tomatenmark
600 ml Gemüsebrühe
1 TL brauner Rohrzucker
1 EL Sauerrahm
Salz
frisch gemahlener schwarzer Pfeffer

Sauerrahm, Basilikum und Parmesan zum Garnieren

$5^1/_2$ Tomaten kreuzweise eingeschnitten etwa 1 Minute blanchieren, enthäuten und in Scheiben schneiden. Zwiebel und Knoblauch schälen und hacken. Sellerie und Möhren putzen und klein schneiden.
Das Rapsöl erhitzen und das Gemüse darin andünsten. Tomatenmark unterrühren, das Gemüse mit der Brühe ablöschen und köcheln lassen.

Die Kartoffel schälen, in kleine Würfel schneiden und in die Gemüsesuppe geben. Die Suppe etwa 30 Minuten köcheln,
anschließend abkühlen lassen und in der Küchenmaschine pürieren.
Die Tomatensuppe noch mal aufkochen lassen, Sauerrahm hinein-
rühren und mit braunem Rohrzucker, Pfeffer und Salz abschmecken.

Die restliche halbe Tomate in kleine Würfel schneiden und kurz
andämpfen. Anrichten und mit den Tomatenwürfeln, je 1 Teelöffel
Sauerrahm und Basilikum garnieren. Je nach Geschmack kann
etwas Parmesan darübergehobelt werden. Köstlich!

SUPPEN

Auberginensuppe mit Paprikastreifen und gerösteten Sesamkörnern

1 kleine Zwiebel
1 Knoblauchzehe
1 große Aubergine
350 ml Gemüsebrühe
$^1/_2$ Zitrone
2 EL Rapsöl
1 TL Meersalz
frisch gemahlener schwarzer Pfeffer

1 Msp. Cayennepfeffer
1 Msp. Zimt
$^1/_2$ grüne Paprikaschote
$^1/_2$ rote Paprikaschote
Öl zum Fetten des Backblechs

1 TL geröstete Sesamkörner

Den Stielansatz der Auberginen abschneiden, die Frucht längs halbieren, das Fruchtfleisch quer und längs bis zur Haut einschneiden, mit Meersalz einreiben und 30 Minuten ruhen lassen.
Den Backofen auf 180 °C vorheizen, das Backblech fetten.
Die Auberginen abspülen, trocken tupfen und mit der Schnittseite auf das Backblech legen. Zwiebel und Knoblauchzehe ungeschält neben die Auberginenhälften legen und etwa 30 Minuten backen, bis das Gemüse weich gegart ist.
Die Auberginen, Zwiebel und Knoblauch kurz abkühlen lassen, enthäuten und zusammen in der Küchenmaschine pürieren.
Das Auberginepüree in einen Topf geben, mit Gemüsebrühe auffüllen, Zitronensaft und Gewürze hinzufügen, aufkochen und anschließend etwa 10 Minuten köcheln lassen.

In der Zwischenzeit die Paprikaschoten in feine Streifen schneiden, mit Rapsöl ein-streichen und kurz in der Pfanne andünsten.
Die Suppe anrichten und mit Paprikastreifen und Sesamkörnern garnieren.

Sommerliche Gemüsesuppe mit Reis und Parmesanspänen

1 Zwiebel

$^1/_2$ Stange Lauch

$^1/_2$ Stange Sellerie

1 Möhre

$^1/_2$ Zucchini

1 Tomate

100 g weiße Bohnen

100 g grüne Erbsen

$^1/_4$ Blumenkohl

100 g Naturreis

400 ml Gemüsebrühe

3 EL Rapsöl

$^1/_2$ Bund Petersilie

1 Zweig Salbei

1 Knoblauchzehe

Salz

frisch gemahlener schwarzer Pfeffer

100 g Parmesan

Die Zwiebel schälen und fein hacken. Den Lauch in feine Ringe schneiden.
Das Rapsöl erhitzen und Zwiebel und Lauch darin glasig dünsten.
Staudensellerie, Zucchini und Möhre sorgfältig waschen, putzen, in kleine Würfel
schneiden und mit dem Zwiebel-Lauch-Gemüse mitdünsten. Erbsen und weiße
Bohnen dazugeben. Die Gemüsebrühe angießen, kurz aufkochen und die Gemüse-
suppe etwa 1 Stunde köcheln lassen.
Den Blumenkohl putzen, die Röschen herauslösen und diese zusammen mit dem
Reis 15 Minuten in der Gemüsesuppe köcheln lassen. Die Suppe mit Salz und
Pfeffer abschmecken.
Kräuter und Knoblauch fein hacken. Die Tomate kreuzweise einschneiden,
überbrühen, enthäuten und in feine Würfel schneiden.
Tomatenwürfel, Kräuter und Knoblauch auf die Suppenteller verteilen und
mit der Gemüsesuppe auffüllen. Je nach Geschmack Parmesan darüber-
hobeln. Köstlich!

73

SUPPEN

Rote Paprikasuppe
mit Pesto und Sesamknäckebrot

1 rote Paprikaschote
7–8 Rispentomaten, oval
2 Schalotten
1 Knoblauchzehe
350 ml Gemüsebrühe
Saft einer $^1/_2$ Zitrone
2 EL Rapsöl
Salz
frisch gemahlener schwarzer Pfeffer
1 EL brauner Rohrzucker

Pesto
1 Bund Petersilie
1 Knoblauchzehe
60 g Pinienkerne
60 g Parmesan
4 EL Olivenöl
Salz
frisch gemahlener schwarzer Pfeffer

2 Scheiben Sesamknäckebrot

Zunächst das Pesto zubereiten:
Den Knoblauch schälen, die Petersilie waschen und die Blätter zupfen. Den Parmesan-
käse reiben. Knoblauch, Petersilie, Parmesan und Pinienkerne in der Küchenmaschine
pürieren, langsam das Öl angießen. Gegebenfalls mit Salz und Pfeffer abschmecken.
Das Pesto kühl stellen, im Kühlschrank ist es einige Tage haltbar.

In der Zwischenzeit den Backofengrill vorheizen, die Paprikaschoten auf das Gitter
legen und 10–12 Minuten rösten, bis die Haut dunkel wird und Blasen wirft. Die
Paprikaschote in einer verschlossenen Plastiktüte abkühlen lassen, anschließend mit
dem Messer die Haut abziehen, unter kaltem Wasser abspülen und mit Küchenpapier
trocken tupfen. Den Stielansatz der Schote herausschneiden, die Frucht längs
halbieren, entkernen und in feine Würfel schneiden.
Den Stielansatz der Tomaten herausschneiden, die Haut kreuzweise einritzen. Die
Tomaten in heißem Wasser einige Sekunden blanchieren, anschließend unter kaltem
Wasser abschrecken, enthäuten und in Würfel schneiden.

Die Schalotten und den Knoblauch schälen und fein hacken. Das Öl in einem Topf
erhitzen, Schalotten und Knoblauch andünsten. Paprika- und Tomatenwürfel mit-
dünsten und mit Gemüsebrühe auffüllen. Die Suppe kurz aufkochen lassen, mit
Zucker, Zitronensaft, Salz und Pfeffer abschmecken und unter gelegentlichem Rühren
15 Minuten köcheln lassen.
Etwas abkühlen lassen und in der Küchenmaschine pürieren.
Die Paprikasuppe unter Rühren erwärmen, anrichten, mit Pesto garnieren und mit
Sesamknäckebrot servieren.

SUPPEN

Spinatsuppe mit Chili und Schafskäse

150 g Spinatblätter

100 g Rucola

1 Schalotte

1 mittelgroße mehlig kochende Kartoffel

$^1/_2$ rote Chilischote

100 g Schafskäse (wir empfehlen bulgarischen)

500 ml Gemüsebrühe

2 EL Rapsöl

Salz

frisch gemahlener schwarzer Pfeffer

1 Msp. gemahlene Muskatnuss

Saft einer $^1/_2$ Zitrone

50 g Sauerrahm

Spinat und Rucola waschen und die Stiele entfernen. Rucola- und Spinatblätter in kochendem Salzwasser 2 Minuten blanchieren, anschließend unter kaltem Wasser abschrecken und gut abtropfen lassen. Mit der Hand das Wasser aus den abgekühlten Blättern herausdrücken.

Die Schalotte und die entkernte Chilischote fein hacken. Die
Kartoffel schälen und in kleine Würfel schneiden.
Das Öl erhitzen und Schalotten, Chilischote und Kartoffelwürfel
darin andünsten. Die Gemüsebrühe unter Rühren angießen, auf-
kochen und anschließend etwa 15 Minuten köcheln lassen, bis die
Kartoffel gar ist. Die Salatblätter hinzugeben, kurz abkühlen lassen
und die Suppe im Mixer pürieren.
Die Suppe noch mal erwärmen, aber nicht aufkochen, mit Salz,
Pfeffer, Muskatnuss und Zitronensaft abschmecken und einen Teil
des Sauerrahms einrühren.
Den Schafskäse in Würfel schneiden, diese auf der angerichteten
Spinatsuppe verteilen und mit 1 Teelöffel Sauerrahm garnieren.

SUPPEN

Rote-Bete-Suppe mit Meerrettichcreme

1 kleine Zwiebel
2 kleine Rote Bete
500 ml Gemüsebrühe
1 EL Erdnussöl
1 EL brauner Rohrzucker
1 TL Zitronensaft
20 g Sauerrahm
Salz
frisch gemahlener schwarzer Pfeffer

20 g Joghurt
20 g frischer Meerrettich
1 Orange

Die Rote Bete schälen und in kleine Stücke schneiden, die Zwiebel schälen und fein hacken. Das Erdnussöl erhitzen, die Zwiebel darin dünsten und die Rote-Bete-Würfel dazugeben und andünsten. Die Gemüsebrühe angießen und bei schwacher Hitze 20–30 Minuten köcheln lassen, bis die Rote Bete gar sind. Die Suppe anschließend abkühlen lassen und in der Küchenmaschine pürieren.

Den Meerrettich schälen, fein raspeln und mit Sauerrahm und Joghurt zu einer glatten Creme verrühren.

Die Suppe noch einmal aufkochen, mit Zucker, Zitronensaft, Salz und Pfeffer abschmecken, anrichten und mit der Meerrettichcreme garnieren.

Unser Tipp: Ihr könnt eine Orange schälen und filetieren und die Rote-Bete-Suppe mit den Orangenfilets garnieren. Exotisch!

SUPPEN

Möhren-Orangen-Suppe mit Sprossen

1 Schalotte
3–4 Möhren
400 ml Gemüsebrühe
1 Orange
50 ml Crème fraîche
2 EL Rapsöl
Salz
frisch gemahlener weißer Pfeffer
Cayennepfeffer

40 g feine Sprossen

Die Schalotte putzen und fein hacken, die Möhren putzen und klein schneiden. Das Öl erhitzen und die Schalottenröllchen und Möhren darin dünsten. Das Gemüse mit der Brühe ablöschen, aufkochen und bei schwacher Hitze etwa 20 Minuten köcheln lassen, bis die Möhren gar sind. Die Möhrensuppe kurz abkühlen lassen und in der Küchenmaschine pürieren.

Die Orange auspressen, den Saft in die Suppe geben und die Crème fraîche unterrühren. Kurz aufkochen lassen, mit Salz, Cayenne- und weißem Pfeffer abschmecken, anrichten und mit den Sprossen garniert servieren. Lecker!

SUPPEN

Blumenkohl-Curry-Suppe
mit gerösteten Mandelblättchen und Lauchstreifen

1 kleine Zwiebel
350 g Blumenkohl
0,5 l Gemüsebrühe
50 ml Sauerrahm
1 TL Currypulver
2 EL Rapsöl
Salz
frisch gemahlener schwarzer Pfeffer

$1/_2$ Stange Lauch
20 g geröstete Mandelblättchen

Die Zwiebel schälen und fein hacken, den Blumenkohl putzen und die Röschen herauslösen. Das Rapsöl erhitzen und Zwiebeln und Blumenkohl darin andünsten, die Gemüsebrühe angießen, aufkochen und bei schwacher Hitze köcheln lassen, bis der Blumenkohl gar ist. Die Blumenkohlsuppe abkühlen lassen, in der Küchenmaschine pürieren, Sauerrahm und Curry unterrühren. Die Suppe erhitzen, mit Salz und Pfeffer abschmecken und die Konsistenz je nach Geschmack mit Gemüsebrühe verdünnen.

Den Lauch waschen, putzen und in etwa 0,5 cm dicke Scheiben schneiden. Salzwasser zum Kochen bringen und die Lauchscheiben darin kurz blanchieren, mit einer Schöpfkelle herausnehmen und abtropfen lassen.
Anrichten und mit blanchierten Lauchscheiben und gerösteten Mandeln garnieren.

Nanas Kürbis-Apfel-Suppe mit Ingwer und gerösteten Kürbiskernen

1 kleine Zwiebel
250 g Kürbis
1 mittelgroße Kartoffel
1 süßer Apfel
10 g frisch geriebener Ingwer
500 ml Gemüsebrühe
2 EL Rapsöl
Salz
frisch gemahlener weißer Pfeffer

2 EL Sauerrahm
40 g geröstete Kürbiskerne

Die Zwiebel schälen und fein hacken, das Kürbisfleisch würfeln, Kartoffel und Apfel schälen und klein würfeln, den Ingwer schälen und fein raspeln.

Das Öl erhitzen und die Zwiebel darin andünsten, die Kürbis- und Kartoffelwürfel dazugeben und kurz mitdünsten. Die Gemüsebrühe angießen, die Suppe aufkochen lassen, die Apfelwürfel hinzufügen und bei schwacher Hitze etwa 20 Minuten köcheln lassen, bis das Gemüse weich ist. Abkühlen lassen und in der Küchenmaschine pürieren.

Die Suppe noch mal aufkochen lassen, mit Salz, Pfeffer und Ingwer abschmecken und anrichten, mit Sauerrahm und gerösteten Kürbiskernen garnieren.

SUPPEN

Spargelsuppe mit Brokkoliröschen & Sauerrahm

300 g weißer Spargel

2 mittelgroße Kartoffeln

400 ml Gemüsebrühe

50 ml Sahne

100 g Brokkoli

3 EL Rapsöl

1 Prise Muskatnuss

Salz

frisch gemahlener schwarzer Pfeffer

20 g Sauerrahm

Den Spargel schälen, die Spargelspitzen abschneiden und die Spargelstangen in etwa 1 cm dicke Scheiben schneiden. Die Kartoffeln schälen und würfeln. Das Öl erhitzen und die Spargelstangenstücke, nicht die Spargelspitzen (!), mit den Kartoffelwürfeln darin andünsten. Die Gemüsebrühe angießen, aufkochen und anschließend bei schwacher Hitze köcheln lassen, bis die Spargelstücke sehr weich sind. Die Spargel-Kartoffel-Suppe etwas abkühlen lassen und in der Küchenmaschine pürieren.

Den Brokkoli waschen, in kleine Röschen teilen und diese zusammen mit den Spargelspitzen in etwas Gemüsebrühe kurz aufkochen und bei schwacher Hitze etwa 10 Minuten bissfest garen. Das Gemüse in einem Sieb abtropfen lassen.

Die Spargelsuppe aufkochen, je nach Geschmack mit der verbliebener Gemüsebrühe verdünnen, die Sahne einrühren und mit Muskatnuss, Salz und Pfeffer abschmecken. Anrichten und mit Brokkoliröschen, Spargelspitzen und Sauerrahm garnieren.

Zitronengras-Kokos-Suppe mit Thaibasilikum und Wildreis

200 ml ungesüßte Kokosmilch	20 ml Limettensaft
1 Stange frisches Zitronengras	2 EL Sojasauce
1 TL Zitronensaft	50 g Wildreis
1 Stück Ingwer (2–3 cm dick)	Salz
300 g Champignons	
2 mittelgroße Fleischtomaten	4 Zweige Koriander
1 Chilischote	2 Zweige Thaibasilikum

Das Zitronengras in etwa 3 cm lange Stücke schneiden, den Ingwer schälen und in dünne Scheiben schneiden, die Pilze putzen und in kleine Stücke schneiden. Die Tomaten schälen, vierteln und entkernen und in kleine Würfel schneiden. Die Chilischote entkernen und in feinste Ringe schneiden.

Die Kokosmilch erhitzen und Zitronengras, Ingwer und Zitronensaft dazugeben und bei mittlerer Hitze 3 Minuten kochen lassen. $^{1}/_{2}$ Liter Wasser angießen und die Suppe erhitzen. Pilze und Tomatenwürfel dazugeben, bei schwacher Hitze 5 Minuten köcheln lassen. Anschließend Zitronengras und Ingwer abschöpfen.

Den Wildreis in Salzwasser gar kochen, mit lauwarmem Wasser abspülen und abtropfen lassen.

Chilischote, Sojasauce und Limettensaft in die Suppenschüssel geben, die heiße Suppe darübergießen, Wildreis dazugeben und mit einigen Blättchen Koriander und Thaibasilikum garnieren.

Unser Tipp: Man kann den Wildreis auch durch asiatische Nudeln ersetzen.

SUPPEN

Zucchinisuppe mit Sprossen und Rote-Bete-Chips

2 kleine Zwiebeln
1 mittelgroße mehlig kochende Kartoffel
1 Knoblauchzehe
2 kleine Zucchini
2 EL Rapsöl
400 ml Gemüsebrühe
Salz

frisch gemahlener schwarzer Pfeffer
1 Eigelb von Bio-Freiland-Eiern

1 Rote-Bete-Knolle
250 ml Rapsöl

30 g Sprossen

Zwiebeln und Knoblauchzehe schälen und fein hacken. Die Zucchini waschen, den Stielansatz und das andere Ende der Zucchini abschneiden und ungeschält in kleine Stücke schneiden. Die Kartoffel schälen und klein schneiden. 2 Esslöffel Rapsöl erhitzen und Zwiebeln und Knoblauch darin andünsten. Die Zucchini- und Kartoffelwürfel beifügen und mitdünsten. Die Gemüsebrühe angießen, die Suppe aufkochen und bei schwacher Hitze etwa 20 Minuten köcheln lassen, bis das Gemüse gar ist. Die Suppe abkühlen lassen und in der Küchenmaschine pürieren.

Die Rote Bete schälen und in dünne Scheiben schneiden. 250 ml Rapsöl erhitzen, die Rote-Bete-Scheiben darin 5 Minuten frittieren, bis sie oben schwimmen, auf ein Küchenpapier legen und abkühlen lassen.

Die Zucchinisuppe noch einmal kurz aufkochen, 2 Minuten köcheln lassen und mit Salz und Pfeffer abschmecken. Den Topf vom Herd nehmen und das Eigelb unterrühren. Anrichten und mit Rote-Bete-Chips und Sprossen garnieren.

Grüne Erbsensuppe mit Joghurt und frischer Minze

1 mittelgroße Zwiebel
$^1/_2$ Kopfsalat
$^1/_2$ Bund glatte Petersilie
150 g grüne Erbsen
0,5 l Gemüsebrühe
2 EL Rapsöl
1 TL Zitronensaft
$^1/_2$ TL mildes Paprikapulver
Salz
frisch gemahlener schwarzer Pfeffer

50 g Joghurt
2 Zweige Minze

Die Zwiebel schälen und fein hacken. Die Salatblätter lösen und in Streifen
schneiden. Die Petersilie waschen, trocken tupfen und die Blättchen hacken.
Das Rapsöl erhitzen und die Zwiebeln darin andünsten, Salatblätter, Petersilie
und 100 (!) g grüne Erbsen kurz mitdünsten. Die Gemüsebrühe angießen, die
Suppe etwa 7 Minuten köcheln, dann etwas abkühlen lassen und in der
Küchenmaschine pürieren.
Die Suppe zusammen mit den restlichen Erbsen noch mal erhitzen,
2 – 3 Minuten köcheln lassen, mit Zitronensaft, Paprikapulver, Salz und Pfeffer
abschmecken.
Die Suppe anrichten und mit frischen Minzblättern und Joghurt
garnieren.

SALAT

SALAT

Schon eine Portion Salat und Rohkost deckt den Tagesbedarf an vielen wichtigen Nährstoffen ab. Salate sind in der Regel kalorienarm und versorgen den Körper mit den nötigen Vitaminen und Spurenelementen.

Unser Tipp: Nur wirklich frische Ware kaufen und diese so schnell wie möglich verzehren. Im Gemüsefach des Kühlschranks kann man sie ohne großen Qualitätsverlust kurze Zeit lagern.
Achtung! Salate nicht zusammen mit Obst lagern, da es den Salat rasch welken lässt.

Bei Freiland-Salatköpfen sollten die Außenblätter entfernt und die restlichen Blätter gründlich gewaschen werden. Den Salat anschließend in einer Salatschleuder oder mithilfe eines Küchentuches gut trocknen. Das Dressing sollte erst unmittelbar vor dem Verzehr über den Salat gegeben werden, um das rasche Zusammenfallen der Blätter zu vermeiden. Essig und Zitronensaft verlängern die Haltbarkeit der Salate und verzögern den Vitaminverlust. Für das Dressing sollte immer hochwertiges Pflanzenöl verwendet werden. Erst das Öl ermöglicht die Aufnahme fettlöslicher Vitamine aus dem Salat.

SALAT

Unser Gabi-Salat

(Ein Zwischengericht für 2 Personen)

100 g Salatmix (Rucola, dunkler Eichblattsalat, Lollo biondo)
4 Cocktailtomaten
$^1/_4$ grüne Gurke
1 rote Paprikaschote
4 Radieschen
4 weiße Champignonköpfe
4 Zweige glatte Petersilie
$^1/_2$ Bund Schnittlauch

Alle Zutaten sorgfältig waschen und putzen. Die Tomaten halbieren, Radieschen, Paprika, Gurke und Champignons in feine Scheiben schneiden. Schnittlauch und Petersilie fein hacken. Gemüse und Kräuter in die Salatschüssel geben.

Dressing

40 ml wohlschmeckendes Olivenöl
40 ml dunkler Balsamessig
10 g Dijonsenf
20 ml Ahornsirup
Himalaja-Salzsole
frisch gemahlener schwarzer Pfeffer

Alle Zutaten gut verrühren, mit Pfeffer und Himalaja-Salzsole
abschmecken.

Garnitur

50 g Sprossen Mix
20 g geröstete Kürbiskerne
100 g frisch gehobelter Parmesan

Den Salat mit dem Dressing gut vermengen und mit Parmesan,
gerösteten Kürbiskernen und Sprossen garnieren.

Unser Tipp: Anstelle des gehobelten Parmesans können auch kleine
Fetawürfel, feine Schnittkäsestreifen oder Mozzarellascheiben
verwendet werden.

91

SALAT

Rote-Bete-Salat mit Meerrettich
(Ein Zwischengericht für 2 Personen)

3 gekochte Rote Bete
1 großer Apfel
$^{1}/_{2}$ große bzw. 1 kleine Zwiebel

Marinade für die Rote Bete

3 EL Rotweinessig
2 EL Olivenöl
1 TL Kümmel
Zucker
Salz

Die Rote Bete putzen und in Salzwasser 60–70 Minuten kochen, dann abgießen, mit kaltem Wasser abschrecken und schälen. (Wer keine roten Hände haben möchte, zieht sich dafür Einmal-Handschuhe an.) Die gekochte Rote Bete je nach Größe halbieren oder vierteln und in dünne Scheibchen schneiden.

Die Marinadezutaten in einer Salatschüssel verrühren. Die Rote Bete mit dieser Marinade vermengen und etwa 1 Stunde ziehen lassen.

Den Apfel halbieren, entkernen und in dünne Schnitze schneiden.
Den Meerrettich reiben oder hobeln. Die Zwiebel schälen und fein
hacken. Apfelschnitze und Zwiebel unter die Rote Bete heben.

Dressing

3 EL Sauerrahm
2 EL Zitronensaft
Zucker
Salz
frisch gemahlener schwarzer Pfeffer

Sauerrahm und Zitronensaft verrühren und mit Zucker, Salz und
Pfeffer abschmecken. Das Dressing unter den Salat heben.

Garnitur

1–2 EL frisch geriebener Meerrettich
(Meerrettichprofis nehmen gerne mehr, Amateure dürfen weniger und
Anfänger auch Meerrettich aus dem Glas nehmen.)
wahlweise 2 TL Kapern, in Öl frittiert
(Wer auch keine Kapern mag, der kann in Essig und Salz eingelegte
Gänseblümchenblüten, sogenannte »falsche« Kapern, nehmen.)

Den Salat anrichten und mit dem gehobelten Meerrettich oder
frittierten beziehungsweise »falschen« Kapern garnieren.

SALAT

Annes Fenchel-Avocado-Salat
(Eine Hauptspeise für 2 Personen)

1 reife Avocado
2 Hand voll Feldsalat
10 – 15 Cherrytomaten
1 Fenchelknolle
10 süße Babykarotten

Den Feldsalat waschen und sorgfältig trocknen, damit das Dressing gut am Salat haftet, und auf beide Teller verteilen.

Die Avocado schälen, teilen, entkernen, die Avocadohälften in Scheiben schneiden und diese über dem Feldsalat drapieren.
Die Tomaten waschen, je nach Größe halbieren oder vierteln. Die Karotten und die Fenchelknolle putzen und in dünne Scheiben schneiden. Tomatenviertel, Karotten- und Fenchelscheiben auf dem Salat verteilen.

Zitronen-Honig-Senf-Vinaigrette

Saft einer $^1/_2$ Zitrone	*1 TL Joghurt*
4 EL Rapsöl	*1 TL frische Dillspitzen*
1 TL Senf, mittelscharf	*frisch gemahlener schwarzer Pfeffer*
1 TL Honig	*Salz*

Die Zutaten glatt rühren, mit Salz und Pfeffer abschmecken und mit dem Salat vermengen.

Gänseblümchen-Löwenzahn-Salat
(Ein Zwischengericht für 2 Personen)

1 Hand voll Löwenzahnblätter
1 Hand voll Gänseblümchenblätter
15–20 Gänseblümchenblüten

Die Löwenzahn- und die Gänseblümchenblätter möglichst nur putzen, nicht waschen. Wem die Löwenzahnblätter zu bitter sind, der wässere sie eine halbe Stunde vor Zubereitung des Salats.

Dressing
Saft einer $^1/_2$ Zitrone
1 EL Sonnenblumenöl
1 Prise Zucker
Salz
frisch gemahlener schwarzer Pfeffer

Die Dressingzutaten gut verrühren und unter den Salat heben. Den Salat anrichten und mit den Blüten garnieren.

Unser Tipp: Man kann die Blüten auch kurz in das Dressing und anschließend in Rohrzucker dippen – der ultimative knirschende Kick!

95

SALAT

Warmer Champignonsalat à la Mami
(Eine Hauptspeise für 2 Personen)

250 g Champignons
1 Zwiebel
10 Cherrytomaten
$^1/_2$ Salatgurke
1 Kopfsalat
1 Ei
125 g Mozzarella
frisch gemahlener schwarzer Pfeffer
Salz

Die Zwiebel schälen, eine Hälfte fein hacken, die andere in halbe, sehr feine Ringe schneiden. Das Ei etwa 9 Minuten hart kochen, danach unter kaltem Wasser abschrecken, auskühlen lassen und pellen, das Eiweiß vom Eigelb trennen und nur das Eiweiß vierteln. Das Eigelb kann anderweitig verwendet werden. Die Champignons putzen und in Streifen schneiden. Die gehackte Zwiebel in einer Pfanne andünsten, die Champignonscheiben dazugeben, mit Salz und Pfeffer würzen und kurz anbraten.
Währenddessen den Kopfsalat waschen und trocken schleudern. Den Mozzarella in Würfel schneiden. Die Cherrytomaten waschen und halbieren. Die Gurke schälen, halbieren und in Scheiben schneiden.

Den Kopfsalat auf die Teller verteilen, Cherrytomaten, Gurkenscheiben, Zwiebelringe, Eiweiß und die Mozzarellawürfel dazugeben.

Balsamicocreme-Öl-Dressing

6 EL feinstes Olivenöl
2 EL Crema di Balsamico
1 TL mittelscharfer Senf
2 Spritzer Zitrone
frisch gemahlener schwarzer Pfeffer
Salz

Die Zutaten glatt rühren, mit Salz, Pfeffer und Zitrone abschmecken und unter den Salat mengen. Die köstlich angebratenen Champignons auf dem Salat verteilen – fertig!

97

SALAT

Salade Niçoise »Paris Bar«

(Eine Hauptspeise für 2 Personen)

200 g Salatmischung (Kopfsalat und
Lollo Rosso)
1 Chicorée
1 Zwiebel
2 Tomaten
1 kleine grüne oder rote Paprikaschote
$^1/_4$ Salatgurke

je 8 grüne und schwarze Oliven,
ohne Stein
50 g blanchierte grüne Bohnen
1 mittelgroße festkochende Kartoffel
200 g Thunfisch (in Öl)
3–4 eingelegte Sardellen
2 hart gekochte Eier
Petersilie

Den Salat waschen und gut trocknen. Die Zwiebel schälen,
halbieren und in dünne Scheiben schneiden. Eigelb und Eiweiß
der hart gekochten Eier trennen und die 2 Eiweiß jeweils in 6 Teile
schneiden. Das Eigelb kann anderweitig verwendet werden. Die
Kartoffel schälen, etwa 15 Minuten kochen und anschließend

würfeln. Den Chicorée putzen und 8 Blätter aus dem Staudeninneren abzupfen. Die Paprika entkernen und in feine Streifen schneiden. Die Gurke schälen, halbieren, entkernen und ebenfalls in feine Scheiben schneiden. Die Tomaten waschen und in kleine Würfel schneiden. Die Oliven halbieren. Die blanchierten Bohnen abtropfen lassen. Thunfisch und Sardellen abtropfen lassen. Petersilienblätter abzupfen.

Paris-Bar-Dressing
3 EL weißer Balsamessig
1 halber TL Dijonsenf
1 Eigelb
6 EL Pflanzenöl
2 EL Gemüsebrühe, ersatzweise Wasser
1 Prise brauner Rohrzucker
frisch gemahlener schwarzer Pfeffer
Salz

Die Zutaten für das Dressing gut verrühren und mit Rohrzucker, Salz und Pfeffer abschmecken.

Die Salatblätter auf den Tellern anrichten, Tunfisch, Kartoffelwürfel, Oliven, Bohnen, Zwiebeln, Gurken- und Paprikastreifen darauf verteilen. Das Salatdressing darüberträufeln. Die Chicoréeblätter auf den Salat legen und die Tomatenwürfel auf ihnen verteilen. Den Salade Niçoise mit den Eiweißstückchen, den Sardellen und der Petersilie garnieren.

SALAT

Chicoréesalat mit Orangen und Frühlingszwiebeln

(Ein Zwischengericht für 2 Personen)

2 Stauden Chicorée
2 Frühlingszwiebeln, ersatzweise kleine Gemüsezwiebeln
$^1/_2$ Orange

Den Chicorée putzen und den Strunk herausschneiden. Die Blüte quer in feine Streifen schneiden. Die Zwiebeln mit dem Grün in feine Scheiben bzw. Röllchen schneiden. Die Orange schälen, filetieren und klein schneiden. Alle Zutaten gut vermengen.

Dressing

75 g Joghurt
1 EL Honig
1 TL Kräuter der Provence
2 EL Olivenöl
frisch gemahlener schwarzer Pfeffer
Salz

Joghurt, Honig und Kräuter verrühren, mit Salz und Pfeffer würzen und das Olivenöl unterziehen. Das Dressing mit dem Salat vermengen und vor dem Servieren 10 Minuten ziehen lassen.

Möhrensalat mit Rosinen und Ingwer

(Ein Zwischengericht für 2 Personen)

75 g Rosinen
1 Stück Ingwer (2 – 3 cm dick)
$1/_2$ Zitrone
$1/_2$ Orange
100 g Joghurt
2 kleine Möhren
Salz
$1/_2$ TL Honig
25 g gehackte Walnüsse

Einen halben Liter Wasser zum Kochen bringen und die Rosinen in einer Schüssel überbrühen und zur Seite stellen.

Den Ingwer schälen und in eine Schüssel reiben. Die Zitrone und die Orange gründlich mit heißem Wasser abwaschen, gut trocken reiben und von jeder Frucht die Hälfte der Schale zu dem Ingwer reiben. Den Saft der jeweils anderen Hälfte auspressen und darübergießen. Den Joghurt unterrühren. Das Dressing mit einer Prise Salz und Honig abschmecken.

Die Möhren schälen und grob in eine Salatschüssel raspeln. Die Rosinen abgießen und hinzufügen. Die gehackten Walnüsse unter den Salat heben und das Dressing gut unterheben.

MÜSLI

MÜSLI

Es gibt gute Gründe, den Tag mit einem vollwertigen Müsli zu beginnen. Das naturbelassene Getreide versorgt den menschlichen Organismus mit Vitaminen und Mineralstoffen, die Nüsse liefern pflanzliches Fett, die Trockenfrüchte leicht verdaulichen Fruchtzucker, Eiweiß und Kohlenhydrate, die man braucht, um den ganzen Tag fit zu bleiben.

Nikis Knuspermüsli

Dies ist eine knusprige Beimischung zu eurem Lieblingsmüsli. Die grobe Rezeptur hat mir eine steinalte Engländerin in Afrika verraten. Als Max und ich es dann zu Hause ausprobiert haben, waren wir wie hypnotisiert. So etwas hatten wir noch nie auf unserem Frühstückstisch. Was für ein Start in den Tag!

Die Mengen variieren je nach Geschmack und Bedarf:

60 g Haferflocken
80 g Cornflakes
20g Mohnsamen
100 g Nüsse
20 g gehackte Mandeln

Die Zutaten gut vermengen und auf ein Backblech geben.

50 ml Rapsöl mit Buttergeschmack
1 EL Honig
100 g karamellisierter brauner Rohrzucker

Den in der Pfanne karamellisierten Zucker mit 50 ml Rapsöl und Honig in der Pfanne verrühren (damit der Zucker nicht so schnell hart wird) und sofort über die Knuspermischung auf dem Backblech verteilen.

Den Backofen auf mittlere Hitze vorheizen und das Müsli etwa 10 Minuten rösten, bis es knusprig braun wird. Jetzt einfach über euer Müsli, die Cornflakes oder die Haferflocken streuen, Milch drüber. Wahnsinnig gut!

Tipp: In einem luftdichten Behälter kann es mehrere Tage aufbewahrt werden.

MÜSLI

Müsli pur

Ein schöner Start in den Tag
für 2 Personen!

400 g Naturjoghurt
200 g Vollkornmüsli
250 g Erdbeeren
4 frische Minzeblätter, fein gehackt
20 g Honig zum Süßen (zum Beispiel
Akazienhonig)

Joghurt und Müsli vermengen und mit dem
Honig nach Belieben süßen. Die gewaschenen und in kleine Stücke geschnittenen
Erdbeeren und die fein gehackten Minzeblätter darüberstreuen – fertig!

Aprikosenmüsli

200 g Aprikosenjoghurt
200 g Naturjoghurt
200 g Vollkornmüsli
4 Aprikosen
1 Pfirsich oder Nektarine
100 g grüne kernlose Weintrauben
1 roter Apfel
8 Stachelbeeren

Joghurt und Müslimischung gut verrühren. Die Früchte waschen und entkernen, Aprikosen, Pfirsich, Apfel und
Weintrauben in kleine Stücke schneiden,
unter das Müsli heben und mit den
Stachelbeeren garnieren.

Beerenmüsli

200 g Heidelbeerquark
200 g Naturjoghurt
200 g Vollkornmüsli
2 Kiwis
10 Erdbeeren
1 Banane
100 g Heidelbeeren
60 g rote Johannisbeeren

Heidelbeerquark, Joghurt und Müsli
verrühren. Die Beeren waschen,
Kiwis und Banane schälen und in
Scheiben schneiden.
Die Früchte unter das Müsli heben.
Köstlich!

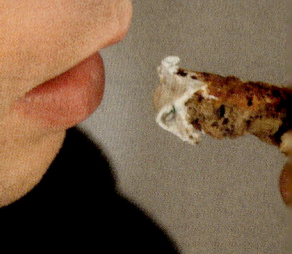

BRUNCH

BRUNCH

Wir lieben es, an einem gemütlichen Sonntagvormittag Freunde zum Brunch einzuladen. All unsere Rezepte eignen sich aufs Beste: Sandwiches mit leckerem Pesto und frischem Gemüse, wunderbare Gemüsesuppen (s. S. 66), Getreidekaffee oder Kräutertees, die die Gäste nach einem Winterspaziergang durchwärmen, und im Sommer erfrischende Obstsäfte für die Großen und Safteis (s. S. 40) für die Kleinen . . .

Für die Sandwiches gibt es ein frisches Vollkornbrot. Den Pesto (s. S. 55) oder die 8-Kräuter-Creme (s. S. 58) bereiten wir natürlich vor. Früchte und Obst waschen wir lediglich, überlassen die weitere Zubereitung aber unseren Gästen. Zum einen bleibt damit alles frisch, zum anderen ist das gemeinsame Schnippeln in großer Runde

BRUNCH

ungemein kommunikativ und lebendig. Wenn ihr genügend scharfe Messer habt, deckt auch diese ein, dann geht das Schälen, Schnippeln und Hacken leichter. Angetrocknete Möhren- oder Paprikastreifen und braune Apfelstücke sind bei uns tabu. Auch Gemüse, das wir sonst nur in gekochtem Zustand kennen, wie zum Beispiel frischer Blumenkohl, schmeckt roh köstlich und Vitamine und Mineralstoffe bleiben erhalten.

Natürlich gibt es alle Sorten frisch gepresste Säfte. Denkt daran, keinesfalls aus alter Gewohnheit eine Karaffe mit Orangensaft auf den Tisch zu stellen, der nach 20 Minuten kaum noch Vitamine enthält. Für unsere lieben Gäste pressen wir natürlich alles frisch. Was sehr lustig sein kann: Die Saftpresse auf den Tisch stellen und die Gäste nach Herzenslust selber pressen lassen!

Für den Tee gießen wir Zweige von
frischer Minze, Salbeiblätter oder Thymian
mit heißem Wasser auf (s. Esthers Kräuter-
ecke, S. 127). Besonders beliebt ist der
gute *Ingwertee*. Dafür 5–6 feine Scheiben
frischen Ingwer mit heißem Wasser aufgießen und einige Minuten ziehen lassen.
Auch der zweite und dritte Aufguss
schmeckt und birgt noch ätherische Öle.
Der Tee wirkt aufbauend – nicht nur bei
Erkältung.

Wer auf seinen Kaffee partout nicht verzichten möchte, sollte es einmal mit han-
delsüblichem Getreidekaffee versuchen. Er
wird mit heißem Wasser aufgegossen und
am besten mit aufgeschäumter Sojamilch
serviert. Er ist sehr bekömmlich und enthält natürlich kein Koffein. Köstlich!

BRUNCH

Eine unserer besonderen Leidenschaften sind *Artischocken mit verschiedenen Dips*. Und sie eignen sich hervorragend für unseren Brunch:

Zubereitung der Artischocken

4 mittelgroße Artischocken
Saft von 2 Zitronen
Salz

Die Artischocken etwa 30 Minuten zusammen mit dem Zitronensaft in Salzwasser kochen, die Blätter abzupfen.

Zubereitung der Dips

Als Basis für die Dips dient unsere *Rapsölmayonnaise:*

2 Eigelb
250 ml Rapsöl
1 TL Zitronensaft
frisch gemahlener schwarzer Pfeffer
Salz
Naturjoghurt

Eigelb mit Salz, Pfeffer und Zitronensaft in einer Schüssel schaumig schlagen, dann das Öl sehr langsam unter Rühren angießen. Je nach Geschmack kann auch Joghurt in die Mayonnaise gerührt werden.

Die Mayonnaise lässt sich im Kühlschrank einige Tage aufbewahren.

Paprikadip

120 g Rapsölmayonnaise
2 EL fein gehackte marinierte Paprikawürfel
1 TL Honig
1 EL Tomatenmark
2 TL Paprikapulver, edelsüß
frisch gemahlener schwarzer Pfeffer
Salz

Joghurt-Dip

60 g Rapsölmayonnaise
120 g Joghurt (1 kleiner Becher)
2 Knoblauchzehen, fein gehackt
2 TL mittelscharfer Senf
1 EL fein gehackte Küchenkräuter
frisch gemahlener schwarzer Pfeffer
Salz

Essig-Rapsöl-Dip

7 EL Rapsöl mit Buttergeschmack
2 EL Balsamico-Essig
1 TL scharfer Senf
1 Zwiebel, fein gehackt
1 TL frisch geriebener Meerrettich
2 EL gehackte Küchenkräuter
frisch gemahlener schwarzer Pfeffer
Salz

Auch unsere 8-Kräuter-Creme (s. S. 58) eignet sich hervorragend zum dippen.

LEBEN

WIR WAREN SCHWANGER

WIR WAREN SCHWANGER

NIKI: Oh mein Gott, was hatte ich für Gelüste! Nicht die Senfgurke mit Marmelade, aber dafür Gier nach Fastfood war mein ständiger Begleiter! Mein liebster Max schaute mich immer ganz streng an und meinte, wahrscheinlich auch zu Recht, das Baby bekäme nicht genug Vitamine! Aber Salat und Fisch, den mir Esther liebevoll gedünstet hatte, befriedigten mich überhaupt nicht. Schrecklich! In diese Zeit fiel zum Glück die Eröffnung unserer Saftbar in Berlin-Mitte, und ich fand zu meiner Zufriedenheit zurück. Ab jetzt gab es dreimal täglich einen Saft. Morgens einen Montagshopper (s. S. 25), mittags einen Ingwer-Shot – einfach eine halbe Ingwerwurzel durch die Presse jagen, man spürt gleich das Kribbeln vom Ohr bis in den Hals – und am Nachmittag einen köstlichen Hip-Hopper (s. S. 28). Dafür konnte ich mich dann auch mal heimlich meinen Gelüsten hingeben und eine fette Currywurst oder eine Riesenpizza mit doppelter Portion Käse verdrücken – bei all den gesunden Vitaminen, die mein Baby jetzt bekam! Sechs Monate später habe ich eine vor Gesundheit strotzende, glückliche und vor allem ausgeglichene Tochter zur Welt gebracht! Ich bin der festen Überzeugung, was uns in der Schwangerschaft glücklich macht, macht auch unsere Babys glücklich! Wenn es dabei auch noch vitaminreich zugeht – umso besser!

ESTHER:

Die ersten vier Monate hatte ich gar keine Gelüste, ganz im Gegenteil: Ich übergab mich in einer Tour. Das Einzige, was mir Erleichterung verschaffte und »drin blieb«, war heißes Ingwerwasser, meine Rettung! Ich mochte nichts riechen, außer frischem Obst. Ich trug ständig eine kleine Apfelsine mit mir herum, die ich mir ganz unauffällig vor die Nase hielt, wann immer mir ein Geruch unerträglich war. Das konnte in diesen Tagen alles und jeder sein – außer natürlich meiner lieben Niki. Nach sechzehn elenden Wochen war der Spuk vorüber und die Gelüste kamen, übermächtig. Leider nicht auf Fast Food, das wäre für meinen Freund einfacher gewesen. Denn der hatte nun die undankbare Aufgabe, einer ausgehungerten Schwangeren im Januar auf Mallorca rote Beeren zu besorgen. Allen voran Erdbeeren – ich aß körbeweise Erdbeeren. Es verlangte mich aber auch nach Himbeeren und Johannisbeeren. Im Frühjahr musste es dann Chicorée sein, in rauen Mengen, als Gemüse, gekocht, gedünstet, gebraten, mit oder ohne Sauce, als Salat oder Saft, roh und knackig, süß oder sauer oder süßsauer, egal, nur viel und bitte immer vorrätig. Im Sommer waren es dann Wassermelonen, größer als mein Bauch, die herangeschleppt und ausgepresst werden mussten und die ich – ganz ohne schlechtes Gewissen – mit niemandem teilen wollte. Seit meine Tochter mir mit einer Woche ihr schönes Lächeln zeigte, wird die Sonne nun über keinem Tag mehr untergehen, an dem ich nicht teilen will.

FRISCH GEPRESST

FRISCH GEPRESST

Wenn man sein kleines Baby auf dem Bauch liegen hat, bleibt die Zeit stehen. Für uns haben sich – und da sind wir beide uns einig – die Prioritäten im Leben komplett verschoben! Ach-so-Wichtiges ist auf einmal unwichtig geworden! Ein Baby riecht so wunderbar nach Frieden und Liebe, dem Hier und Jetzt und dem lieben Gott. Wir sind glücklich und dankbar, denn wir sind in unserem Leben um so vieles reicher geworden!

Aber zurück zu unserem Thema: LIEBE – nein, ERNÄHRUNG! Unsere Ernährungsgewohnheiten werden in der Kindheit angelegt, und deswegen haben wir die Möglichkeit, unseren Kindern über die Angebote, die wir ihnen heute machen, den Spaß an gesunder Ernährung zu vermitteln. Wir prägen ihren Geschmack! Abgesehen davon ist gerade die Ernährung im Kindesalter von entscheidender Bedeutung für ihre Gesundheit.

Emma und Mina sind noch sehr klein, unsere Erfahrungen in Sachen Kinderernährung daher begrenzt. Einen Schuss frisch gepressten Möhrensaft gibt es aber schon, seitdem sie vier, fünf Monate alt sind, und nach dem Abstillen in jedes Morgenmilchfläschchen, damit sie dieses Königsgemüse gleich kennen und lieben lernen. Natürlich trinken die zwei Mäuse auch ab und zu einen Schluck frischen Saft, doch in Maßen, da es sonst zu viel für den kleinen Darm werden kann.

Wenn ihr stillt, können Kräuter und Gewürze großartige Helfer gegen Blähungen des Babys sein. Die Kräuter und Gewürze werden den Speisen zugefügt, die die Mutter isst. In der Muttermilch ist die Konzentration dieser Substanzen nie so hoch, dass ihr Nachteile für das Baby befürchten müsst.

Krautige Helfer für eine gute Verdauung sind Basilikum, Majoran, Koriandergrün, Dill, Kerbel und Zitronenmelisse. Mit Dill und Basilikum schlagt ihr zwei Fliegen mit einer Klappe, denn sie regen auch noch die Milchbildung an.

Gewürze, die die Verdauung der Kleinen erleichtern, sind Anis, Kümmel, Fenchelsamen, Kardamom, Ingwer, Koriander, Zimt, edelsüßes Paprika, Kurkuma und Kreuzkümmel.

117

FRISCH GEPRESST

Milchbildende Kräuter sind Fenchel, Anis, Kreuzkümmel und Kümmel.

Wenn das Baby trotzdem weint, euch das Herz zerreißen will und eure Nerven blank liegen, dann nehmt Lavendel, Melisse und Eisenkraut zu euch, sie wirken dann über die Milch beruhigend auf euer Kind.

Frisch gepresste Säfte helfen euch, fit zu bleiben, allerdings solltet ihr dabei auf Zitrusfrüchte verzichten, da diese zu säurehaltig sind und den Babypopo wund werden lassen.

Spätestens ab dem 6. Monat ist Beikost angesagt, egal ob ihr stillt oder euer Baby die Flasche bekommt. Hier ein leckeres Rezept für einen vegetarischen Mittagsbrei, der ab dem 5. Monat gefüttert werden kann. Bei diesem Rezept liefern Hirseflocken, wahlweise Haferflocken, statt Fleisch das nötige Eisen. Wir raten zum Vorkochen und portionsweisen Einfrieren, deshalb ist das folgende Rezept gleich für *5 Portionen*:

250 g Kartoffeln
500 g Möhren oder Kürbis
150 g milde Äpfel

50 g Hafer- oder Hirseflocken
100 ml frisch gepresster Apfelsaft
5 EL Rapsöl

Kartoffeln und Möhren oder Kürbis schälen und würfeln und 15 Minuten in 1/4 Liter Wasser köcheln lassen. Die Äpfel waschen und entkernen, 5 Minuten mitköcheln lassen, die Hafer- oder Hirseflocken einrühren und alles unter ständigem Rühren aufkochen lassen. Den Apfelsaft aufgießen und alles fein pürieren. Pro Portion einen Esslöffel Rapsöl unterrühren. Rapsöl ist gesund, lässt das Baby die wertvollen Inhaltsstoffe besser verdauen und macht den Brei cremig.

Nach dem gleichen Prinzip könnt ihr auch andere Breis kochen, mit Gemüse, die euer Baby jetzt schon verträgt, zum Beispiel Kohlrabi, Pastinake, Knollensellerie, Steckrübe oder auch – man lese und staune – Salatgurke. Jetzt kann man auch schon Apfel, Birne, Banane oder Melone füttern. Orangen und Orangensaft werden zwar auch empfohlen, besonders weil sie einen hohen Vitamin-C-Gehalt haben, aber denkt an den wunden Popo! Maisgries schmeckt dem Baby jetzt auch, statt Hirse- und Haferflocken könnt ihr auch Reis- oder andere Vollkornflocken verwenden.

Auf die Kraft der Kräuter müsst ihr auch beim Brei nicht verzichten, eine Messerspitze getrocknete Dillspitzen (für 5 Portionen Brei) vorm Pürieren hinzugefügt, beruhigt die Verdauung. Ein bisschen Pfefferminztee im Brei oder Gewürztee aus einem halben Teelöffel Kümmel, Anis, Fenchel- oder Koriandersamen ($^{1}/_{4}$ Liter für 5 Portionen) beruhigt das Bäuchlein auch, und eine Messerspitze Kümmel ebenfalls für 5 Portionen) wirkt gegen Blähungen.

Wirklich von Herzen kommt nun unser letzter Tipp in diesem Kapitel, ja auch für dich, Christoph und deinen liebsten Ulrich: Kinder bekommen! Auch ohne Hochzeit nicht minder schön – denn Kinder sind großartig und regieren unsere Welt!

YOGA

YOGA

Der Körper ist der Übersetzer der Seele ins Sichtbare.
Christian Morgenstern

NIKI:

Ja, auch wir sind dem Yogaboom verfallen. Den Körper mit grandiosem Brennstoff zu füllen ist das eine, aber man sollte ihn natürlich auch ab und zu bewegen. Das Motto der alten Yogis war: Unser Körper soll wie ein Diamant werden – stark, strahlend und schön. Esther ist nun zum Beispiel keine begeisterte Fitnessclub-gängerin – was als kleine Vagabundin auch eher schwierig ist – und hat mir vor etwa sieben Jahren Yoga nahegebracht. Für mich perfekt: Man braucht keine festen Zeiten einzuhalten, lediglich 4 Quadratmeter Platz und idealerweise einen Yogahopper (s. S. 32). Ich habe einen sehr niedrigen Blutdruck und mache mittlerweile fast jeden Morgen meinen Sonnengruß – 20 Minuten. Ich habe das Gefühl, die Übung macht meinen Körper, meinen Geist und meine Seele wach, um nicht zu sagen, ich fühle mich energetisch und berei für den Tag. Ich bin dankbar für diese Entdeckung! Ich gebe zu, dass ich mich lange gegen Yoga gesträubt habe. Sehr zum Leidwesen meiner Mami, die schon seit mehr als 30 Jahren Yoga macht und mit ihren 63 Jahren heute noch 10 Minuten im Kopfstand steht. Meine Bereitschaft zuzuhören und Übungen auszuprobieren kam erst viel später.

ESTHER: Allerdings erinnere ich mich noch sehr gut, dass Niki meiner Yogaleidenschaft anfangs eher skeptisch gegenüberstand. Heute ist sie nicht mehr zu bremsen – und das ist ausgezeichnet!

Wir trainieren unsere Achtsamkeit und achten auf unser Wohlbefinden. Um uns in unserer Haut wohl zu fühlen, klar denken zu können und kreativ zu sein, brauchen wir einen Körper, der so gesund und beweglich wie möglich ist. Geistige Klärung ist für uns sehr stark mit körperlicher Bewegung verbunden. Also machen wir Yoga. Yoga hält uns auch in schwierigen Lebensphasen über Wasser. Yoga beruhigt den Geist und heilt den Körper. Yoga ist Bewegung, Konzentration und Aufmerksamkeit. In der Konzentration folgt mit dem Atem die Energie der Aufmerksamkeit. So atmet und konzentriert man Energie in bestimmte Körperregionen, spröde Bandscheiben, eine müde Leber, einen trägen Darm oder ein schweres Herz.

Dem weitverbreiteten Vorurteil, Yoga sei langweilig, man säße im Schneidersitz und meditiere vor sich hin, muss widersprochen werden. Yoga ist schweißtreibend, abwechslungsreich und man braucht keine spezielle Geisteshaltung, um damit anzufangen. Eine herrliche Art, den Tag zu beginnen, ist der Sonnengruß, den man am besten am geöffneten Fenster oder im Freien macht, nachdem man das berühmte Glas warmes, besser noch heißes, Wasser getrunken hat, das den Stoffwechsel auf Trab bringt.

121

YOGA

Na, regt sich innerer Widerstand? Was? Noch eine halbe Stunde früher aufstehen? Bin ich denn verrückt? Aber ja, verrückt genug, um sich selbst etwas Gutes zu tun! Nicht erschrecken, aber Selbstdisziplin ist der reinste Ausdruck von Demut und meint auch, dass man jede Tätigkeit mit dem gleichen Einsatz und Enthusiasmus in Angriff nehmen sollte, und dazu gehören eben auch solche, die anfängliche Widerstände hervorrufen. Aber gerade dann, wenn Widerstände überwunden werden, ist die Freude hinterher umso größer. Mit einem Dankesgebet oder Freude über einen neuen Tag oder einfach nur mit der Gewissheit, dies nur für sich zu tun: Den Sonnengruß am Morgen zu üben macht gute Laune und stärkt sie nachhaltig. Gibt der innere Schweinehund keine Ruhe? Geht eine Runde mit ihm Gassi und grüßt dann die Sonne!

1. ausatmen	7. einatmen
2. einatmen	8. ausatmen
3. ausatmen	9. einatmen
4. einatmen	10. ausatmen
5. Atem anhalten	11. einatmen
6. ausatmen	12. ausatmen

BEAUTY-TIPPS

BEAUTY-TIPPS

Alles kann man überschminken oder reparieren – nur der Hals lügt nicht. Er braucht also besondere Aufmerksamkeit.

Unsere Übungen sind vielleicht Verursacher von Mimikfalten, die allerdings kann man einem fröhlichen Gemüt zuschreiben. Gegen einen faltigen Hals wusste sich aber auch Katherine Hepburn nur mit einem Rollkragenpullover zur Wehr zu setzen – und das gilt bis heute.

Nikis Übung zur Halsstraffung – Der Kiefergrinser

Diese Übung wird sechsmal wiederholt, zum Beispiel unter der Dusche, beim
Auto- oder Fahrradfahren oder morgens vor dem Spiegel.

1. Gebiss vorschieben.

2. Grinsen mit vorgeschobenem Gebiss. 10 Sekunden halten.

3. Entspannen.

Esthers Übung zur Halsstraffung – Die UX-Übung
Diese Übung ist zehnmal zu wiederholen. Ja, zehnmal! Von nix kommt nix!

1. Das U für 5 Sekunden halten.

2. Das X für 5 Sekunden halten.

3. Entspannen.

ESTHERS KRÄUTERECKE

GEGEN ALLES IST EIN KRAUT GEWACHSEN

Eine angeschlagene Gesundheit hat viele Ursachen. Was wir essen, die »Lebensmittel« (es lohnt sich, eine Minute über dieses Wort nachzudenken), die wir »zu uns nehmen« (auch darüber sollten wir nachdenken), spielen eine große Rolle. Du bist, was du isst!
Bei der Nahrungsaufnahme befinden wir uns in einem Teufelskreis von Kunstdüngung, Schadstoffen in der Nahrung, nicht zuletzt daraus entstehenden Krankheiten und der Bekämpfung dieser, wiederum mit künstlich hergestellten Medikamenten.
An dieser Stelle wollen wir auf die Heilkraft von Kräutern hinweisen. Es muss nicht immer eine Pille sein, die uns hilft, unsere Gesundheit wiederherzustellen.
Natürlich sollte man bei Beschwerden den Arzt des Vertrauens befragen! Er hat vielleicht noch andere Kräutertipps.

Mein Interesse für Kräuter wurde von meiner Großmutter entfacht und von meinem Großonkel Willi geschürt. Onkel Willi ist »kräuterkundig«, er weiß bei einem Spaziergang zu jeder Pflanze etwas zu sagen, er kennt sich mit Edel- und Halbedelsteinen und deren Wirkungskraft aus und erfreut sich mit seiner Frau, meiner Tante Lina, einer guten Gesundheit. Beide feierten kürzlich ihren 90. Geburtstag und beide trinken Kräutertees.
Kräuter haben natürlich die größte Heilkraft, wenn sie in freier Natur zur richtigen Zeit gesammelt und frisch zubereitet werden. Aber für Kräuterneulinge, gestresste Großstädter und meistens auch für uns gilt: Gegen alles ist ein Kraut gewachsen! Und auch in getrocknetem Zustand entfaltet es, bei einer »irritierten« Gesundheit oder zur Vorbeugung, genug Heilkraft, um wahre Wunder zu wirken. Man kann

sie in Apotheken kaufen oder bestellen und natürlich über den Kräuterfachhandel beziehen. Im Internet haben wir sogar Anbieter gefunden, die Kräuter als Setzlinge für den eigenen Garten, Balkon oder das Fensterbrett versenden.

Die gute alte Brennnessel allerdings oder das Gänseblümchen kann jeder finden. Also ab in den Wald oder aufs nächst gelegene Feld abseits dicht befahrener Straßen. Solltet ihr wider Erwarten ohne einen Korb – Plastiktüten eignen sich nicht zum Kräutersammeln, da die Kräuter Luft brauchen, um nicht »ins Schwitzen« zu geraten – voller Brennnesseln nach Hause kommen, dann habt ihr eurer Gesundheit trotzdem mit guter frischer Luft, Bewegung und Eindrücken aus der Natur einen guten Dienst erwiesen.

Zinnkraut

Zinnkraut (Equisetum arvense), auch Katzenschwanz, Fegekraut oder Ackerschachtelhalm genannt, findet man an Bahndämmen, Äckern oder Böschungen. Ist es auf reinem Lehmboden gewachsen, wirkt es am heilkräftigsten. Pfarrer Kneipp hat das schon fast vergessene Zinnkraut wiederentdeckt und es für unersetzbar erklärt bei Blasen- und Nierenbeschwerden, Lungenleiden, chronischer Bronchitis, Rheuma, Gicht und Nervenschmerzen. Zinnkraut wirkt entwässernd. Wenn kein anderer Kräutertee mehr anschlägt, trinkt man 4 bis 5 Tage hindurch, 5 bis 6 Tassen Zinnkrauttee über den Tag verteilt. In den meisten Fällen geht das Wasser ab. Bei Blasenreizungen, Entzündungen, Nieren-, Nierenbeckenentzündungen, Nierensteinen oder Nierengries findet Zinnkrauttee in Kombination mit

Zinnkrautsitzbädern zu seiner Bestimmung. Sogar die krampfartigen Schmerzen bei einer Blasenentzündung können durch ein Sitzbad verschwinden.

Seelische Empfindungen werden von den Nieren verarbeitet: Was uns traurig macht, geht uns an die Nieren. Trauert ihr, seid enttäuscht oder leidet unter anderen seelischen Belastungen oder einem Schock, könnt ihr euren Nieren einen guten Dienst erweisen. Besorgt Goldrute, das Kraut der Seele und der Nieren!

Eine Tasse Tee – 1 Teelöffel Zinnkraut mit einem Viertelliter kochendem Wasser übergossen – glättet die schlimmsten Wogen. Zusammen mit Zinnkraut ist sie ein guter Navigator durch eine emotional stürmische Zeit.

Für ein Sitzbad setzt man 100 g Zinnkraut über Nacht in kaltem Wasser an, bringt den Kaltansatz am nächsten Tag zum Kochen und gibt ihn dem Badewasser zu. Die Nieren müssen unter Wasser sein, aber nicht länger als 20 Minuten. Anschließend macht man es sich 1 Stunde im Bett bequem.

Schafgarbe (Achillea millevollium) ist zusammen mit Frauenmantel, das auch als Mutter-Gottes-Mantel, Weiberkittel oder Tränenschön bekannt ist, das Frauenkraut. Da Frauenmantel gern in höheren Lagen in Gebirgsgegenden wächst, wollen wir uns hier mit seiner Schwester im Bunde, der leichter zu findenden Schafgarbe, beschäf-

Schafgarbe

129

ESTHERS KRÄUTERECKE

tigen. Bei Frauenleiden können beide im Wechsel als Tee getrunken werden. Pfarrer Kneipp sagte über die Schafgarbe: »Viel Unheil bliebe den Frauen erspart, würden sie ab und zu mal nach Schafgarbe greifen!« Zusammen mit Sitzbädern ist Schafgarbentee bei allen Unterleibsstörungen und -leiden, wie zum Beispiel Eierstockentzündungen, Myomen, Weißfluss, unregelmäßigen Monatsblutungen oder in den Wechseljahren mit 2 bis 3 Tassen täglich angesagt. Darüber hinaus regt der Tee die Nierentätigkeit an, behebt Störungen der Leber, Entzündungen des Magen-Darm-Traktes und fördert einen geregelten Stuhlgang. Bei Erkältungen, Rückenschmerzen oder auch bei rheumatischen Schmerzen soll man viel Schafgarbentee, so heiß wie möglich, schluckweise trinken. Die erste Tasse trinkt man am besten früh auf nüchternen Magen. Es gibt das Gerücht, Schafgarbentee, über einen längeren Zeitraum getrunken, könne Migräne verschwinden lassen.

Für eine Tasse Tee einen gehäuften Teelöffel Kräuter mit einem Viertelliter Wasser aufbrühen und eine halbe Minute ziehen lassen. Für ein Sitzbad 100 g Schafgarben über Nacht in kaltem Wasser ansetzen, am nächsten Tag aufkochen und dem Badewasser zufügen. Nach 20 Minuten Badedauer ist 1 Stunde Bettruhe angezeigt.

Bärlapp (Lycopodium clavatum), auch Krampfkraut, Bärenklaue, Hexenkraut, Blitzmoos, Harnkraut, hat 100 bis 150 cm lange auf dem Boden kriechende Ranken mit weichen, nadelartigen Trieben. Diese Triebe tragen von August an einen etwa 10 bis 15 cm hohen Kolbenstiel, der den gelben Blütenstaub, auch Bärlappmehl oder Hexenmehl genannt, enthält. Man sammelt Bärlapp den ganzen Sommer bis Oktober, das Bärlappmehl im September in trockenen Nadelwäldern ab 700 m Höhe, auf kalkarmen, eher sandigen Böden, nördlichen Berghängen, Waldhängen oder an Waldrändern. Bärlapp hilft bei Nierensteinen, Gicht und Rheuma. Es heißt, selbst wenn Gelenke schon verformt sind, könne Bärlapp noch helfen. Dazu einen gehäuften Teelöffel mit einem Viertelliter kochendem Wasser aufbrühen und morgens auf nüchternen Magen trinken. Das Bärlappmehl, auf Sonnenbrand gestreut, mildert die Symptome, weil es Hitze entzieht, auf offene Wunden gestreut, unterstützt es die Heilung. Selbst schlecht heilende Wunden schließen sich, wenn man den frischen Saft des Bärlapps daraufstreicht.

Bärlapp

Bärlauch (Allium ursinum) oder Waldknoblauch gehört zum ersten Frühlingsgrün und breitet sich wie ein hellgrüner Blätterteppich aus. Die Blätter erinnern an das Maiglöckchen und die Herbstzeitlosen, die beide giftig sind. Sein feiner Knoblauchgeruch aber macht den Bärlauch unverwechselbar. Man findet ihn meist im Schatten. Er

Bärlauch

wächst im Unterholz, in feuchten Auen und an schattigen Bachufern. Ende April sprießt aus der Knoblauch ähnlichen Wurzelknolle eine hochstängelige weiße Blüte hervor. Bärlauch wirkt nicht nur blutreinigend, sondern reinigt auch das Magen-Darm-System. Man sagt, dass Bären nach ihrem Winterschlaf ihr Blut und ihren Stoffwechsel mit Bärlauch reinigen. Wir sollten es ihnen mit einer Bärlauchkur im Frühjahr gleichtun.

Man streut das klein gehackte Grün des Bärlauchs über Suppen, Salate, aufs Brot oder kocht den Bärlauch zusammen mit Spinat. Eine strahlende, reine Haut ist das sichtbare Zeichen eines gereinigten Körpers.

Johanniskraut

Johanniskraut (Hypericum perforatum), auch Christi Wunderkraut, Johannesblut oder unseres Herrgotts Wundenkraut genannt, verdankt seinen Namen dem Johannistag, an dem es in schönster Blüte steht. Man sammelt das blühende Kraut für Tees und Bäder. Es hilft bei nervösen Beschwerden aller Art, aber auch gegen Durchfall, bei Schlaflosigkeit, Nervenschwäche, Neurosen, Nervenentzündungen, Depressionen. Für eine Behandlung sollt man 2 bis 3 Tassen Johanniskrauttee täglich trinken. Fast vergessen, aber immer noch heilsam ist das Johannisöl, das man bei Rückenschmerzen, Hexenschuss, Rheumatismus, bei Brandverletzungen und Verbrühungen, Sonnenbrand, trockener Gesichtshaut, Blutergüssen, aber auch bei offenen Wunden und frischen Verletzungen aufträgt.

Für einen Tee ist ein gehäufter Teelöffel Johanniskraut mit einem Viertelliter kochendem Wasser aufzubrühen. Für eine Johanniskrauttinktur verwendet man nur die Blüten. Wenn ihr selber auf die Suche geht, pflückt sie bei Sonnenschein. Man setzt zwei Hand voll in einem Liter Branntwein an und lässt sie mindestens 3 Wochen bei Tag in der Sonne und sonst in der Wärme stehen. Zur Herstellung von Johannisöl sind es ebenso die im Sonnenschein gepflückten Blüten, die gebraucht werden. Füllt ein Fläschchen zum Hals mit den Blüten und gießt Olivenöl hinein. Wollt ihr ein Brandöl herstellen, nehmt Leinöl. Die Blüten müssen mit Öl bedeckt sein, die Flasche gut verschließen und mindestens 3 Wochen in die Sonne stellen. Nach einigen Wochen wird sich das Öl rot verfärben, was an dem austretenden Blütensaft liegt. Das Öl wird durch ein Sieb in dunkle Flaschen abgefüllt. Für ein Sitzbad benötigt man 100 g, für ein Vollbad 200 g Kräuter, die man über Nacht in kaltem Wasser ansetzt. Vor dem Bad wird der Kaltansatz zum Kochen gebracht und dem Badewasser zugegeben. Wie bei allen Vollbädern gilt auch hier, das Herz sollte nicht unter Wasser tauchen.

Schlüsselblume (Primula officinalis), auch Himmelschlüssel, findet man vorwiegend auf Bergwiesen im Voralpenland. Die hohe Schlüsselblume wächst auf fast allen Wiesen, im Gebüsch und am Waldrand. Sie ist genauso heilkräftig wie ihre alpine Schwester, aber leichter zu finden. Schlüsselblumentee wirkt außerordentlich herz- und nervenstärkend und lindert Migräne und nervöse Kopfschmerzen. Der Sud der abgekochten Wurzel, vermengt mit Honig, ergibt

Schlüsselblume

133

ESTHERS KRÄUTERECKE

überdies einen wirkungsvollen *Nierentee*. Pfarrer Kneipp rät: »Wer Anfänge zur Gliedersucht oder Gliederkrankheit hat (Rheuma und Gicht), trinke längere Zeit hindurch täglich ein bis zwei Tassen Schlüsselblumentee. Die heftigen Schmerzen werden sich lösen und mit der Zeit ganz verschwinden.«

Ein gehäufter Teelöffel getrocknete Schlüsselblume wird mit einem Viertelliter kochendem Wasser überbrüht. Der Tee sollte eine halbe Minute ziehen, bevor er schluckweise getrunken wird. Eine Mischung aus 20 g Lavendel, 10 g Johanniskraut, 15 g Hopfen, 5 g Baldrian und 50 g Schlüsselblumen überbrüht mit einem Viertelliter kochendem Wasser – 3 Minuten ziehen lassen –, ergibt einen wunderbaren *Schlaftee*, der schluckweise vor dem Schlafengehen getrunken werden sollte

Thymian (Thymus serphyllum), auch Immenkraut oder Marienbettstroh genannt, gehört allein wegen seines feinen würzigen Aromas und weil Bienen und Hummeln ihn so lieben zu unseren Lieblingskräutern. Man findet ihn auf sonnigen Wiesen und an Hängen, Feldrainen, an Waldrändern, zwischen Steinen und vorzugsweise an Ameisenhaufen. Man sammelt das ganz blühende Kraut.

Thymiantee löst selbst hartnäckigen Husten und ist als Kaffee-Ersatz am Morgen unschlagbar. Er ist erfrischend und magenschonend.

Für einen gesunden Start in den Tag überbrüht man einen gehäuften Esslöffel pro Tasse, lässt ihn eine halbe Minute ziehen, gießt ihn durch ein Sieb und trinkt ihn schluckweise.

Thymian

Brennnessel Dieses unterschätzte Kraut gehört zu den Nessel-gewächsen. Man meint, sie wüchse überall – und gerne – da, wo man sie nicht haben will. Die große Brennnessel wie auch die kleine Gartennessel sind heilkräftig, wobei der kleinen Gartennessel der Wurzelstock fehlt und sie stärker brennt als ihre große Schwester. Heilkräftig sind die gesägten Blätter, die Stengel, Blüten und Wurzeln. Die Brennnessel muss vor der Blüte ausgegraben werden. Da die Brennnessel sehr eisenhaltig ist, verhindert sie Leistungsabfall und Müdigkeitserscheinungen. Brennnesseltee sollte eigentlich jeden Tag getrunken werden, am besten einen ganzen Liter, damit wäre er auch ein probates Mittel gegen Ansteckungsgefahr bei Erkältungen. Er hilft bei Juckreiz, Heuschnupfen, Magenkrämpfen, Kopfschmerzen und bei Rheuma und Gicht. Brennnesseltee wirkt blutreinigend und gleichzeitig blutbildend und gegen einen Liter täglich kommt selbst Akne nur schwer an.

Eine vierwöchige *Brennnesselteekur* im Frühjahr und im Herbst verhindert Erschöpfungszustände, weckt die Lebensgeister und beugt so manchem Leiden vor. Die Kur beginnt man täglich mit einer

Brennnessel

»Wozu in die Ferne schweifen? Sieh, das Gute liegt so nah!«

135

ESTHERS KRÄUTERECKE

Tasse Tee (1 Hand voll frische oder einen gehäuften Teelöffel getrocknete Brennnessel aufgebrüht) vor dem Frühstück. Über den Tag verteilt trinkt man zwei weitere Tassen. Die Tagesration kann man am Morgen aufbrühen und in einer Thermoskanne praktisch verwalten. Für ein Vollbad mit Brennnessel setzt man 200 Gramm Brennnessel in kaltem Wasser an und kocht ihn nach 12 Stunden, bevor man ihn ins Badewasser gibt.

Gänseblümchen

Gänseblümchen (Bellis perensis), auch Tausendschön, Himmelsblume, Mondscheinblume, Mümmeli oder Regenblume genannt. Das ganze blühende Gänseblümchen ist voller Heilkraft. Es reinigt unser Blut, wirkt bei Gicht, und seine Gerb- und Schleimstoffe helfen uns bei Magen-Darm-Erkrankungen, bei Erkrankungen der Atemorgane wie auch bei Anämie (Blutarmut). Der Kräuter-Pfarrer Künzle (1857–1945) erklärt das Gänseblümchen daher zum Muntermacher für Kinder: »Eine Prise jedem Kindertee beigefügt lässt Kinder, die trotz guter Kost nicht gut gedeihen wollen, auf die Beine kommen.«

Für 1 Tasse Tee eine Hand voll frische oder 1 Esslöffel getrocknete Gänseblümchen überbrühen und 1 Minute ziehen lassen.

Salbei (Salvia officinalis), auch Muskatenkraut oder Scharleikraut genannt. Was der Salbei kann, wussten schon die alten Lateiner. Salvia wird von dem lateinischen Wort »salvare« abgeleitet, was heilen oder gesunden bedeutet. Es gibt den Wiesen- und den *Gartensalbei*, wobei es uns um den Gartensalbei geht, nicht nur, weil wir ihn leichter finden können, sondern weil er auch heilkräftiger ist. Der Gartensalbei hat es gern sonnig und ist empfindlich gegen Frost, weshalb er sich im Winter gern mit Stroh oder Tannenzweigen zudecken lässt. Bei allen Halsleiden, zum Beispiel Mandelentzündungen, Entzündung des Rachens und der Mundhöhle, aber auch bei Zahnfleischentzündungen und lockeren Zähnen spült und gurgelt man mit Salbeitee oder legt in Salbeitee getränkte Wattebäusche auf die entzündeten oder schmerzenden Stellen. Salbeitee lindert Leberbeschwerden, wirkt blutreinigend und lockert Schleim in den Bronchien. Auch bei Darmbeschwerden hilft Salbeitee. Da Salbei belebend wirkt, ist er auch, wenn man andere Kräuter zu sich nimmt, als Begleittee zu empfehlen. Ein Teelöffel Salbei wird mit einem Viertelliter kochendem Wasser übergossen und der Tee zieht eine halbe Minute. Wenn ihr frischen Salbei habt, überbrüht einfach ein paar Zweige in einer Tasse oder in einem Glas und lasst den Tee ziehen, bis er eine schöne hellgrüne Farbe hat.

Salbei

137

SCHWEDENBITTER

SCHWEDENBITTER – der Bodyguard unserer Gesundheit!

Wann immer ich ein kleines oder großes Weh hatte, Zahnschmerzen, Kopfschmerzen, Bauchschmerzen, Übelkeit, aufgeschürfte Knie, oder ich mich irgendwo mit irgendetwas angesteckt hatte, meine Mutter oder meine Großmutter hatten immer eine Flasche *Schwedenkräuter* zur Hand. Das Rezept stammt, so die Legende, von einem schwedischen Arzt aus dem 18. Jahrhundert.

Zugegeben, ich habe im Leben noch nichts Bittereres zu mir nehmen müssen, dafür aber scheint es kaum eine Erkrankung zu geben, bei der der Schwedenbitter nicht hilfreich wäre, und dass er hilft, weiß ich aus Erfahrung. Es scheint so, als suchten sich die Kräuter, auf Heilung bedacht, im Körper zielsicher ihre Einsatzorte. Heute trage ich meist ein Fläschchen bei mir. Oft habe ich noch ein Reservefläschchen dabei, falls ich jemanden treffe, der seine Hilfe braucht. Mancher Freund oder Kollege bekam schon Schwedenkräuter von mir verabreicht oder aufgelegt, Niki kann ein Lied davon singen. Fast immer haben sie, zu meiner großen Freude, geholfen. Ob bei Kopfschmerz, Hexenschuss, Magenkrämpfen, Ausschlägen, Unwohlsein oder Stirnhöhlenvereiterung. Der bittere Geschmack ist gut zu ertragen, wenn man auf baldige Besserung hoffen darf, und als Wickel oder Umschlag angewendet ist die entstehende Wärme eine Wohltat. Es fühlt sich an, als würde der Schmerz aus dem Körper gezogen.

Eigentlich gehört der Schwedenbitter in jede Hausapotheke. Er ist ein verlässlicher Helfer in der Not und dient zur Vorbeugung von Erkrankungen aller Art. Man nennt die Schwedenkräuter, neben Schwedenbitter, auch Lebenselixier oder Universaltropfen. Nomen est Omen!

Hier das Rezept meiner Großmutter, das, wie ich später herausfand, dem von Maria Treben, einer Kräuterkundigen, die von 1907 – 1991 lebte, entspricht. Dazu sei gesagt, dass *Theriak venezian* kein Kraut ist, sondern eine Kräutermischung aus bis zu dreißig verschiedenen Kräutern und Pulvern. *Theriak venezian* selbst mischen zu wollen, ist eine Herausforderung, der man sich nicht zwingend stellen muss. Man kann, wie bei allen anderen Zutaten, getrost seinem Apotheker vertrauen. Unbedingt sollte Naturkampfer verwendet werden und nicht giftiger Kampfer.

10 g Wermutpulver oder Enzianwurzel (nach Maria Treben kann auch Aloe verwendet werden)
10 g Sennesblätter
10 g Rhabarberwurzel
10 g Naturkampfer
10 g Zittwerwurzel

10 g Manna
10 g Theriak venezian
10 g Angelikawurzel
5 g Eberwurzwurzel
5 g Myrrhe
0,2 g Safran

Obwohl bei regelmäßiger Einnahme von Schwedenkräutern Haare und Nägel fester werden und auch schneller nachwachsen, füge ich manchmal noch 7 g Kieselerde (Silicea) hinzu und habe damit gute Erfahrungen gemacht.

Man braucht 1,5 Liter 38- bis 40-prozentigen Korn- oder Obstbranntwein, in dem man die Kräuter ansetzt. Am besten in einer breithalsigen Flasche, die mindestens 2 Liter fassen sollte, damit die

139

SCHWEDENBITTER

Kräuter später noch Luft haben. Gläser, in denen man sonst Spaghetti aufbewahrt, haben sich dabei bewährt. Man füllt alle Kräuter in das ausgesuchte Gefäß, gießt den Schnaps darüber und lässt die Flasche 14 Tage an einem warmen, vorzugsweise sonnigen Plätzchen stehen. Täglich stattet man dem »Langes-Leben-Elixier im Werden« einen Besuch ab und dreht und wendet es behutsam, bis sich alles aufs Neue gut vermischt hat. Das ist die Pflicht und die Kür: Man redet den Kräutern gut zu! Ich bedanke mich immer im Voraus dafür, dass sie anderen und mir bald gute Dienste erweisen werden. Nach zwei Wochen kann man die erste kleine Flasche abseihen und abfüllen. Ein normales Haushaltssieb reicht aus. Die Trübstoffe, die dabei mit in die Flasche kommen, sind erwünscht. Den Rest des Schwedenbitters lässt man auf den Kräutern und gießt Alkohol auf. Je länger die Schwedenkräuter ziehen, desto heilkräftiger werden sie. Man kann sie mehrere Jahre aufbewahren.

Zur Vorbeugung oder als Kur nimmt man morgens und abends einen Esslöffel, immer verdünnt in Tee oder etwas Wasser, ein. Nach sechs Wochen Einnahme folgt eine zweiwöchige Pause! Im Krankheitsfalle kann man dreimal 2–3 Esslöffel pro Tag einnehmen. Im Falle von Unwohlsein nimmt man 3 Esslöffel.
Die Kräuter sollten aber keinesfalls den Gang zum Arzt ersetzen!
Bei äußerlicher Anwendung, Umschlägen auf erkrankten Körperstellen, sollte die Haut mit fetter Creme vorbehandelt werden. Den Umschlag je nach Symptom und Verträglichkeit 2–4 Stunden einwirken lassen, gegebenenfalls auch über Nacht. Reagiert die Haut empfindlich, sollte sie hinterher gepudert werden. Sind die sonst wohltuenden Umschläge ganz und gar unverträglich, die Behandlung abbrechen.

HIMALAJA-SALZSOLE

DIE SACHE MIT DEM SALZ – HIMALAJA-SALZSOLE

Früher, das heißt bis ins 19. Jahrhundert hinein, war Salz eine Rarität und folglich ein kostbares Gut. Die Gewinnung war mühsam und der Erwerb teuer. Heute ist Salz günstig, für unsere Gesundheit noch immer kostbar und unersetzlich, aber fast ein reines Industrieprodukt. Unser handelsübliches Koch- oder Tafelsalz besteht fast ausschließlich aus Natriumchlorid, ist stark raffiniert und wird mit Trennmitteln, Rieselhilfen und unzähligen E-Stoffen versetzt. Wertvolle Mineralien, wie zum Beispiel Jod oder Fluor, werden herausgelöst und später wieder künstlich und hoch dosiert hinzugefügt. Gutes Salz aber, das Mensch und Tier benötigen, ist wie alle Naturstoffe von sich aus vollkommen und seine unersetzliche Wirkung auf Körper und Gesundheit ist immer eine Symbiose aller Bestandteile. Auf die meisten im Natursalz gebundenen Spurenelemente und Mineralien kann der Körper ohne Hindernisse zugreifen. Sie sind für unsere Zellen direkt verfügbar, denn sie sind in ionisierter Form gebunden und nur dadurch ist eine notwendige Aufnahme von Kalzium, Magnesium, Natrium, Kalium und Chlorid möglich. Das rosafarbene Himalaja-Kristallsalz in Speisesalzqualität, um das es uns hier geht, ist ein reines, unraffiniertes und naturbelassenes Salz. Es stammt aus dem Urmeer. Sein Alter wird auf 230 bis 500 Millionen Jahre geschätzt, und es wird in 400 bis 600 Meter Tiefe abgebaut, frei von den Verschmutzungen der Weltmeere. Unser Organismus besteht wie Mutter Erde zu etwa 70 Prozent aus leicht salzigem Wasser; das Fruchtwasser, das uns im Mutterleib umgibt, ist eigentlich eine Sole, eine Salzsolelösung, die dem Urmeer ähnlich ist. Wir würzen unsere Suppen und Säfte mit Himalajasalzsole. Man kann aber auch fein geriebenes Himalajasalz verwenden. Es ist auch als Granulat für Salzmühlen in Reformhäusern oder in Bioläden erhältlich. Zum Ansetzen einer Sole braucht man die großen rosafarbenen Brocken, die an Rosenquarz erinnern, ein geeignetes Gefäß, bevorzugt aus Glas, weil die Sole sehr schön aussieht, und abgekochtes Wasser, vorzugsweise Quellwasser. That's it! Das Verhältnis von Salz zu Wasser muss etwa 1:3 sein. Bei geschlossenem Deckel hat man nach 2–3 Stunden eine 26-prozentige Salzsole. Über das Würzen von Speisen hinaus kann man ein paar Spritzer Salzsole in Wasser verdünnt für eine Nasenspülung verwenden. Ein Glas Salzsole auf ein Bad hilft trockener Haut. Als Trinkkur eingesetzt kann ein Teelöffel in dem berühmten Glas warmen Wassers nach dem Aufstehen wahre Wunder wirken, den Stoffwechsel und den Organismus ins Gleichgewicht bringen und das Immunsystem stark machen. Man muss das Salz noch nicht einmal schmecken. Aus der Homöopathie wissen wir, dass auch kleinste Spuren von Substanzen positiv wirksame Impulse aussenden. Mindestens 2 Liter Wasser am Tag zu trinken ist hier allerdings ganz besonders wichtig, da die Sole auch entgiftend wirkt. Ich empfahl die Trinkkur der ganz reizenden Mutter einer Kollegin von mir, die über schlimme Verdauungsprobleme klagte, und gab ihr auch einen Beutel Salzbrocken mit auf den Weg nach Hause, nach Italien. Ein paar Wochen später erhielt ich die freudige Nachricht, dass von den Problemen keine Spur mehr, wohl aber regelmäßige Ergebnisse bei der Morgentoilette erzielt wurden.

Unser Tipp: Wenn ihr die Sole in der Morgensonne ansetzt, ist sie bioenergetisch wirksamer. Auch später hat sie noch gern einen Platz an der Sonne.

DIE FLÜSSIGAPOTHEKE

DIE FLÜSSIGAPOTHEKE

Frisch gepresste Obst- und Gemüsesäfte enthalten von Natur aus wenig Fett, dafür aber viele Vitamine wie A, C, E, B6, Beta-Carotin, Folsäure und Selen – um nur einige zu nennen. Außerdem enthalten Früchte eine geballte Ladung von Antioxidantien und sekundären Pflanzenstoffen – zum Schutz vor freien Radikalen –, die dem Körper bei seinem täglichen Kampf helfen können, zum Beispiel gegen vorzeitige Alterung, aber auch bei der Vorsorge gegen Krebs, Herzkrankheiten oder Gicht. Freie Radikale sind aggressive Sauerstoffverbindungen, die zu Zellschädigungen führen können.

Allerdings wird in Deutschland bis heute nicht genug Gemüse und Obst gegessen. Die Chance, mit diesen »Lebensmitteln« die Gesundheit zu schützen, wird leider nicht umfassend genutzt.

Die Übersicht über die Nährstoffe vieler Zutaten soll euch zeigen, wie gesund unsere Ernährung, basierend auf Obst und Gemüse, ist und noch dazu Spaß macht.

Esst euch mit uns gesund!

Ananas

In der Ananas steckt neben Vitamin C und vielen Mineralstoffen auch das Enzym Bromelin, das Eiweißspaltung und Fettverbrennung anregt. Die Ananas hat einen hohen Wassergehalt und wenige Kalorien. Sie unterstützt die Verdauung, wirkt entzündungshemmend und fiebersenkend.

Apfel

Der Apfel ist voll mit Pektin, einem Ballaststoff, der den Cholesterinspiegel senkt. Außerdem enthält er neben reichlich Vitamin C noch über 300 wertvolle Substanzen, die ihn zu einer wahren Miniapotheke machen. Äpfel stärken das Immunsystem und wirken entzündungshemmend, sie fördern die Verdauung und putzen ganz nebenbei auch noch die Zähne!

Banane

In dieser Frucht finden wir 10 Vitamine, 18 Mineralstoffe und Spurenelemente sowie das Glückshormon Serotonin. Im reifen Zustand enthält die Banane fast nur noch Frucht- und Traubenzucker, aber keine Stärke – ein echter Muntermacher! Bananen helfen, den Cholesterinspiegel zu senken, und machen gute Laune!

Brokkoli

Enthält reichlich Vitamin C und B-Vitamine, Carotin, außerdem Folsäure und Eisen, Kalzium, Selen, viel Kalium und wenig Natrium. Brokkoli stärkt die Knochen, das Immunsystem und die Psyche, er wirkt entgiftend und senkt den Blutdruck.

Erdbeere

Erdbeeren sind appetitanregend und fördern die Verdauung. Sie regen den Stoffwechsel an, wirken fiebersenkend und unterstützen die Wundheilung. Neben besonders viel Vitamin C enthalten Erdbeeren auch ätherische Öle, Kalium, Kalzium, Eisen und Natrium.

Grapefruit

Die Grapefruit enthält besonders viel Vitamin C und Kalium. Sie wirkt entwässernd und entschlackend und wird empfohlen bei erhöhtem Cholesterinspiegel, niedrigem Blutdruck und Erkältungen.

Gurke

Die Gurke enthält Beta-Carotin, Vitamin C und mehr Elektrolyte als viele Sportdrinks! Außerdem enthält sie Pektin und Spuren von

145

DIE FLÜSSIGAPOTHEKE

Melatonin. Gurken wirken stark entwässernd und regen die Verdauung an, sind also ideal für Diäten.

Himbeere

Sie enthält viele Mineralien wie Kalium und Eisen, Phosphor und Magnesium, aber auch Pektin und Gerbstoffe. Sie wirkt entgiftend und fiebersenkend, regt den Stoffwechsel an und festigt die Blutgefäße.

Ingwer

Voller ätherischer Öle und Harze wirkt Ingwer vitalisierend, entgiftend und entzündungshemmend, gegen Erkältung und Fieber, schlechte Durchblutung, Kopfschmerzen und vorzeitige Altersbeschwerden. Das Gingeorol der Ingwerwurzel senkt den Cholesterinspiegel und beugt der Blutverklumpung vor.

Johannisbeere

Johannisbeeren sind wahre Vitaminbomben, egal ob rot oder schwarz. Außerdem sind sie reich an zellschützenden Bioflavonoiden. Die Beeren regen den Appetit an, helfen bei Erkältungs- und Verdauungsbeschwerden und sind ein gutes Fiebermittel.

Möhren

Eine der besten Quellen für das wichtige Alpha- und Beta-Carotin sind Möhren. Sie enthalten Vitamine und Bioflavonoide, ätherische Öle, Eisen, Magnesium und Kalzium. Möhren wirken infektionshemmend und verdauungsfördernd. Sie schützen das Nervensystem, die Zellen und wirken entgiftend.

Kiwi

Die Vitamin-C-Bombe! Kiwis enthalten deutlich mehr Vitamin C als Zitrusfrüchte. Sie stärken das Immunsystem, festigen das Bindegewebe und helfen beim Abbau von Cholesterin. Sie unterstützen die Eiweißverdauung und wirken entgiftend.

Der Kürbis enthält besonders viel Beta-Carotin, Vitamine E und B und ist reich an Mineralstoffen: Magnesium, Eisen, Kalzium, Phosphor. Er entwässert und hilft gegen Bluthochdruck und Verstopfung. Kürbiskerne enthalten außerdem besonders viel Zink und helfen gegen Prostatabeschwerden.

Kürbis

Reich an Vitamin C und B, enthält die Orange außerdem viele Mineralstoffe und Bioflavonoide. Sie stärkt die Abwehrkräfte und schützt die Zellen. Die Orange wirkt reinigend, ist leicht verdaulich, senkt hohen Blutdruck und den Cholesterinspiegel.

Orange

Hervorzuheben ist der hohe Vitamin-C-Gehalt der roten Paprikaschote, aber auch der Anteil von Vitamin B1, B2 und E sowie Carotin, Kalium und Folsäure in allen Sorten. Die Schoten schützen die Zellen und fördern die Durchblutung, steigern die Abwehrkräfte und unterstützen die Verdauung.

Paprikaschote

Pfirsiche sind reich an den Vitaminen A, B, C, Kalium, Kalzium, Magnesium und besonders Zink! Außerdem voll von Beta-Carotin und Biofavonoiden. Pfirsiche entwässern und regen die Nieren an. Sie enthalten zudem Enzyme und Fruchtsäuren, die den Stoffwechsel und den Appetit fördern.

Pfirsich

DIE FLÜSSIGAPOTHEKE

Rote Bete   Rote Bete ist reich an Vitaminen A, B, C, Folsäure und Bioflavonoiden. Ihr hoher Eisengehalt unterstützt die Blutbildung, weshalb sie besonders Frauen empfohlen wird. Rote Bete stärkt das Immunsystem, die Bioflavonoide unterstützen den Körper bei seinem Kampf gegen freie Radikale.

Spargel   Enthält viel Eisen, Kalium und Kalzium, außerdem Vitamine A, B und C und viele Ballaststoffe. Spargel entwässert, regt den Stoffwechsel an und entschlackt. Der grüne Spargel hat einen höheren Gehalt an Vitaminen und Mineralstoffen als der weiße.

Spinat   Als eines der Gemüse mit dem höchsten Gehalt an Vitamin C und E enthält Spinat außerdem 13 Mineralstoffe sowie Chlorophyll und wichtige Enzyme. Er kräftigt das Immunsystem und stärkt die Sehkraft. Ein wichtiges Lebensmittel für den Verdauungstrakt. Roher Spinat hilft außerdem gegen Erkrankungen der Zähne und des Zahnfleisches.

Tomate   Tomaten sind randvoll mit den wichtigen Vitaminen A, B, C und E, außerdem enthalten sie Eisen, Kalzium und Magnesium, Kalium und Folsäure. Tomaten stärken das Immunsystem, sie wirken blutdrucksenkend und entgiftend.

Zitrone   Viel Vitamin C! Die Zitronensäure regt außerdem die Verdauung an, hilft gegen Blähungen und Magenkrämpfe. Zitronen wirken antibakteriell, helfen bei Erkältung, stärken das Herz und senken hohen Blutdruck.

NÄHRSTOFFE

NÄHRSTOFFE & LEBENSWICHTIGE SUBSTANZEN

Wichtige *Antioxidantien, Alpha-Carotin* (in Möhren und Kürbis) und *Beta-Carotin* (in Möhren und gekochtem Spinat) sind pflanzliche Substanzen, die das Immunsystem und die Zellen schützen und damit auch Krebserkrankungen vorbeugen können.

Carotinoide

In Obst und Gemüse enthaltene Substanzen, die die Oxidation empfindlicher Moleküle im menschlichen Körper verhindern.

Antioxidantien

Das Vitamin (enthalten in roter Paprika, Porree, Kohl, Brokkoli, Tomaten, Hülsen- und Zitrusfrüchten, Beeren, Kiwis) sorgt für die Stärkung des Immunsystems, ermöglicht die Aufnahme von Eisen, bietet Schutz vor Herz-Kreislauf-Erkrankungen und mindert das Krebsrisiko.

Ascorbinsäure = Vitamin C

Sind weitgehend unverdauliche, pflanzliche Nahrungsbestandteile (enthalten in Getreide, Obst, Gemüse und Hülsenfrüchten).

Ballaststoffe = Zellulose

Sind starke Antioxidantien. Sie wirken günstig auf Bluthochdruck, schützen die Blutgefäße und mindern das Krebsrisiko (enthalten in der Schale von Zitrusfrüchten, Kräutern, Obst und Gemüse).

Bioflavonoide

Das ist ein Enzym (enthalten in Ananas), das Entzündungen im Zusammenhang mit Erkrankungen der Atemwege (Asthma, Sinusitis) mindert. Es beschleunigt die Heilung von Wunden, lindert rheumatische Beschwerden und fördert die Verdauung.

Bromelin

NÄHRSTOFFE

Eisen   ist ein wichtiges *Spurenelement*, das die Blutbildung fördert. Eingenommen mit Vitamin C wird es vom Körper gut aufgenommen (enthalten in Hülsenfrüchten, Kakao, Getreide, Vollkornprodukten, Nüssen, Möhren, Mangold).

Elektrolyte   siehe **Mineralstoffe**.

Enzyme   sind lebenswichtige Eiweißmoleküle in den Zellen, die den Stoffwechsel bedingen. Sie verwerten Vitamine und Mineralstoffe.

Folsäure = Vitamin B11   ist ein hitze- und lichtempfindliches, wasserlösliches Vitamin, das die Blutbildung fördert und für einen gesunden Herz-Kreislauf sorgt (enthalten in Leber, Vollkornprodukten, Blattgemüse, Rote Bete, Spinat, Brokkoli, Möhren, Spargel, Rosenkohl, Tomaten, Nüssen).

Gerbstoffe   entziehen durch ihre adstringierende (zusammenziehende) Wirkung Bakterien, die sich auf Haut und Schleimhaut angesiedelt haben, den Nährboden, vermindern Schmerz und Wundsekretion und hemmen Entzündungen (enthalten in Trauben, Heidelbeeren, Kräutern).

Immunmodulatoren   sind Substanzen, die das Immunsystem regulieren. Sie schützen vor Krebserkrankungen und vor der Schädigung des Immunsystems.

Kalzium   Ein körpereigener Mineralstoff, der für den Knochenaufbau und die Zähne, für die Muskelkontraktion, die Übertragung von Nervenimpulsen und die Blutgerinnung wichtig ist (enthalten in Milchprodukten, Bohnen, Möhren, Mandeln, Rucola, Grünkohl).

Siehe **Kalzium** (enthalten in Getreideprodukten, Sonnenblumenkernen, Cashewnüssen, weißen Bohnen und Sojabohnen). **Magnesium**

Ein Hormon, das in der Zirbeldrüse, einem Teil des Zwischenhirns, produziert wird und das den Tag- und Nachtrhythmus des Menschen steuert. **Melatonin**

(Chrom, Eisen, Fluor, Jod u. a.) halten lebenswichtige Stoffwechsel-Funktionen aufrecht. **Mineralstoffe = Spurenelemente**

Ein lebenswichtiges Mineral, das den Wasserhaushalt des Menschen und die Muskel- und Nervenfunktionen reguliert, es ermöglicht die Übertragung von Nervenimpulsen (enthalten in Kochsalz). **Natrium**

Ballaststoffe, enthalten in allen festeren Pflanzenteilen (Stängel, Blüte, Blätter), vor allem in der Schale von Zitrusfrüchten. Es wird beim Kochen als Geliermittel zum Binden verwendet. **Pektine**

Sorgt für gesunde Knochen und Zähne und ist ein wichtiger Energieträger bei Stoffwechselprozessen (enthalten in Weizenprodukten, Hülsenfrüchten, Erbsen, Sojabohnen, Käse, Nüssen). **Phosphor**

NÄHRSTOFFE

Provitamine

sind Vorstufen der Vitamine und müssen erst in diese umgewandelt werden, um vom Körper aufgenommen und genutzt werden zu können. *Provitamin A = Beta-Carotin.*

Sekundäre Pflanzenstoffe

sind *Farb-, Aroma- und Gerbstoffe* (enthalten in Gemüse, Obst, Getreide, Kräutern, Samen). Sie schützen das Immunsystem, fördern die Durchblutung und Heilungsprozesse: Senkung des Bluthochdrucks (Granatapfel), Regulierung der Blutzuckerspiegels (Getreide), Verhinderung von Thrombosen (Knoblauch), Bakterienbekämpfung (Früchte), Förderung der Verdauung (Gewürze).

Selen

ist ein Spurenelement, das eine wichtige Rolle beim Schutz der Zellmembranen vor oxidativer Zerstörung spielt (enthalten in Knoblauch). Selen ist ein Fänger von freien Radikalen (s. S. 144).

Vitamine

sind organische Verbindungen, die über die Nahrung aufgenommen werden (enthalten in Obst, Gemüse, Eiern, Milchprodukten, Nüssen, Hülsenfrüchten, Getreideprodukten, Fleisch u. v. m.). Sie regulieren den gesamten menschlichen Stoffwechsel und sorgen für den Abbau und die Umwandlung von Eiweiß, Fett und Kohlenhydraten.

Bleibt wach
und hört mit uns
das Gras wachsen!

REZEPT-REGISTER

SO'N SAFTLADEN

DANKSAGUNG

DANKSAGUNG

Wir können dieses Buch auf gar keinen Fall abschließen, ohne zu danken!

Allen voran mal Max, ohne den dieses Buch einfach nie zustande gekommen wäre! Und Gabi, die mit ihrem unermüdlichen Einsatz unseren Grashopper extrem bereichert hat. Dann ist da noch unsere liebe Frau Schuster, die unsere kleine Emma und uns mit Liebe begleitet, und Sabine, der wir für jedes aufmunternde Lächeln danken! Auch Hanno, Gini, Steffi und Bo sei gedankt fürs geduldige Ausprobieren unserer Rezepte und Lorenz, Theo, Lilly und Henry fürs tapfere Kosten (als die Angaben noch nicht so stimmten)! Wir danken Jana für die Kontrolle des ständigen Küchendesasters und Bettina und unserer Lektorin Anne für das Lösen mancher Knoten; unserer Grafikerin Jana und unserem Fotografen Florian für ihre Geduld und die tolle Umsetzung unserer Hirngespinste. Marlies, Lilo, Babette und Ama, weil sie für jedes Problemchen ein Ohr haben, und unserem Fruchthaus dafür, dass es immer so frisches Obst und Gemüse hat. I gracias Matti para cuidar la princesa.

Ach, ist das schön, einmal angefangen, könnten wir jetzt noch drei Seiten weiterdanken. Das hätte zwar mit unserem Buch nicht mehr viel zu tun, aber jeder unserer lieben Freunde und der lieben Familie hätte hier einen berechtigten Platz! In diesem Sinne fühlt euch gedankt und umarmt!

Eure Niki und Esther